豊田有恒

Toyota Aritsune

一線を越えた韓国の「反日」

狂気のかれらのトンデモ行動には報復しかない

ビジネス社

まえがき

現在の日韓関係は、戦後最悪だと言われる。戦後と、わざわざ断って表現されるが、正確には、戦前、戦後を通じて、と言うべきだろう。戦前、第二次世界大戦が終わるまで、日韓は併合していたのである。つまり、現在の韓国・朝鮮人の父祖は、みな等しく日本人だったことになる。当時は、内地系の日本人も、朝鮮系の日本人も、同じ大日本帝国の臣民として、おおむね仲良く暮らしていたのである。

私事《しじ》にわたるが、私が韓国を訪れはじめてから、来年で半世紀となる。その間、親韓派という烙印《らくいん》を押されたこともある。左側の人から、当時の朴正熙《パクチョンヒ》政権の狗《いぬ》と罵《ののし》られたこともある。

さらに、韓国に女がいるという下品な噂を流されたこともある。また、その後は逆に嫌韓派、反韓派のレッテルを貼《は》られたこともある。

なんとも忙しい話だが、どちらも正しくない。韓国を訪れたのはほとんど自費であって、まれに日本の出版社、テレビ局などの取材もあったが、韓国、北朝鮮はもちろん、いかなる団体の援助も受けたことがない。いわば韓国、朝鮮問題のボランティアのようなものだ。

口はばったい表現になるが、私ほど日韓親善に尽くしてきた人間は、それほど多くはないはずである。日本のマスコミの多くが北朝鮮を「地上の楽園」として賛美していた時代、あえて火中の栗《くり》を拾う決意で韓国擁護の論陣を張ったこともある。以後ずっと韓国、北朝鮮という分断国家を日本人の立場で見つめながら、是々非々《ぜぜひひ》で論評してきたつもりである。

また、長年の一匹オオカミ暮らしに終止符を打って島根県立大学に教授として招かれ、六十歳を過ぎて人生で初めて月給を貰うようになったが、ほとんどの韓国留学生を、私のゼミに迎えることになった。学生たちも、自国語の判《わか》る教授に師事することを、歓迎したからだろう。短大から四大に昇格したばかりの地方大学だったから、開学当初は、ある程度まで韓国語の判る教員は、私しかいなかったのである。

交流のあった国立慶北大学校《キョンブクテーハッキョ》、慶道大學《キョンドテーハク》などから、韓国人の教員が訪れるときは、いつも乾杯の音頭を取らされた。「日本と韓国は、《イルボン・カ・ハンググン・》地球上でもっとも近い隣国ですから、《チグウサン・カジャン・カカウン・ユウンナラ・イニカ・》ともに明るい未来を築いていかねばなりません《ハムケ・パルガン・ミレー・ルル・センギジ・アヌミョン・アンデムニダ》」といったような歓迎の辞を述べてから、ビールのグラスを挙《あ》げることになる。専門の日韓古代史に関わりのある韓国教員だけでなくIT関係や、経済学などの教員が訪日した際にも、大学側から乾杯要員として駆り出される。

また、大学を訪れた韓国人を、土地の伝統芸能である石見神楽《いわみかぐら》や、後に世界遺産に指定される石見銀山などに案内したりしたことも数えきれない。過去五十年近くに亘《わた》る韓国との関わりを通して、私は韓国の日本語人口が年々減少しつつある事実を、行くたびに痛感した。ある一国に、一定以上の日本語人口が存在することは、日本にとってもプラスになる。

そこで、縁のあった東国大学校《トングクテハク》には、十年足らずの間だが、私の文庫も出してもらっている関係から、角川書店の協力を得て文庫百冊のセットを送り続けた。また他にも、馬山大学《マサンテハク》（現・昌原大学校《チャンウォンテーハッキョ》）や祥明女子大学《サンミョンヨジャテハク》（現・祥明大学校《サンミョンテーハッキョ》）などにも、文庫セットを送ったこともある。のちに東国大学の日本学研究所から、日本語教育に協力したとして表彰を受けたものである。

私の空《むな》しい努力にもかかわらず、最悪と呼べる域にまで堕《だ》してしまった両国関係の経緯を、辿《たど》っていくとしよう。

結論を言ってしまえば、ほとんどの責任は韓国側に帰せられるが、その一方で、日本的な玉虫色の解決に頼りきって、韓国に対して歴史の真実を突きつける努力を怠《おこた》った日本側も、責任を免《まぬが》れるものではない。

二〇二一年三月

豊田有恒

第三章　左翼化する韓国。主思派《チュサパ》は、なぜ台頭したのか

第六章　第三の反日国家ドイツ

第七章　日本に牙《きば》を剥《む》く韓国・朝鮮

第八章　韓国から逃げてはいけない

第一章

変貌《へんぼう》した日本観

韓国の魅力にはまりこんだ末、私は──

私が韓国に通うようになった半世紀ほど昔も、韓国は反日ではあった。その反日感情の裏には、日本に対する羨望ともいえる心理が働いていた。日本は、彼らの努力目標でもあったのだ。

また、日本に併合されたという歴史を屈辱として受け止め、自戒のため反日に走る人も少なくなかった。しばしば、「昼は反日、夜は親日」と、皮肉られていたものだ。つまり、ほとんどの韓国人が、日本に対する愛憎二筋《あいぞうふたすじ》（ambivalent《アンビヴァレント》）な感情を抱いていた。当時、面白い分析をした人がいた。韓国人の日本観は、アンチ巨人の野球ファンに似ているというのだ。つまり、ジャイアンツを嫌っているように見えて、裏を返せばジャイアンツが好きなのだという。

ところがここにきて、韓国人の日本観が、すっかり様変わりしてしまった。とても反日どころではない。憎日《ぞうにち》（日本を憎む）や侮日《ぶにち》（日本を侮《あなど》る）から、ひいては滅日《めつにち》（日本を滅ぼす）とでも呼ぶしかないほど、過激化してしまった。

しかし、こうした破滅的な両国関係は、私が韓国に通いはじめたころにはまったく存在しなかった。知りあった多くの韓国人が、日本に対して親しみを隠そうとしなかった。

古代史の取材のため、遺跡のある地方など旅すると、日本人と見て、むしろ懐かしんで接してくれる人々がほとんどだった。長らく話すこともなかった日本語を使って、ほんものの日本の若者と話すことで、いかにも嬉《うれ》しそうにする年配者も少なくなかった。

日帝《イルジェ》などという日本の左翼用語を、韓国語読みした表現には、一度も出あったことがない。私より年長の人々は日本の教育を受けて育ったから、みな流暢《りゅうちょう》な日本語を話す。韓国人同士で話す際にも、日本時代《イルボン・シデー》、日本統治時代《イルボントンチ・シデー》と、穏やかな表現を用いていた。

私のほうが習いたての韓国語の練習をしようとしても、相手の韓国人が大っぴらに日本語を話せる機会と見て日本語で話してしまうので、韓国語の勉強にならなくなってしまい、いっこうに上達しない状態になって困ったこともある。当時、韓国人の口から、反日という単語を聞いたことは一度もない。

そのころは、日韓の経済格差が、今より遥かに大きかった。韓国経済は、完全に日本に従属していた。韓国人も、あまりにも日本に寄りかかりすぎている状態を、なんとか是正したいとは考えていた。そのため、反日ではなく、克日《クギル》というスローガンが叫ばれることもあった。克日《こくにち》とは、日本を克服することである。

また、「ワン・オブ・ジェム」というスローガンも目にしたことがある。ハングルで書かれると判りにくいのだが、英語で「One of Them」ということで、日本も多くの外国の一つとして扱おうというわけだ。本当にそうしてもらえれば日本人としても気が楽だが、良きにつけ、悪《あ》しきにつけ、その後も韓国人が日本離れできずにいることは、よく知られている通りである。

日本統治が終わってから、まだ二十年ちょっとしか経《た》っていない時代だった。日本人と見て、親近感、連帯感を示してくれる人々に助けられ、おぼつかない韓国語で苦労しながら、田舎の古代遺跡などを巡り歩いた。なかには、バス停まで案内してくれた年配者もいた。その方は、私が正しいバスに乗るかどうか確かめるまで、見送ってくれたものだ。

また、景色のいい場所で一族そろって野外宴会をしているグループに出会い、誘い込まれて、ご馳走になったこともある。これが韓国的歓待(korean hospitality《コリアン・ホスピタリティ》)というものだと、帰国してから民俗学の本で知った。韓国人は、人懐《ひとなつ》こいのである。民俗学でいう客人《まれびと》歓待というモチーフが生きている社会だった。また、韓国人は、情報発信力にも秀《ひい》でている。

これまで何度も書いたことなので簡単にすますが、朝鮮半島は、古代の『三国史記《サムグクサギ》』

の時代から近世に至るまで、実に960回も異民族に攻め込まれた歴史を経験している。ほぼ二年に一度の割合である。攻めてくるのは歴代中華王朝が多いが、中国を占領したモンゴル人、満州人や、契丹《きったん》、靺鞨《まっかつ》など周辺民族もあり、近世になるとフランス、ロシア、ドイツ、アメリカ、日本など、新顔も登場してくる。過酷な歴史である。

たいていは、中朝国境沿いですんでしまうが、国内に攻め込んだ異民族に占領されることも珍しくない。軍人も役人も命からがら逃げてしまうから、残された住民は、なんとしても個人で取引して、生き延びようとする。そのため、異様な発信力が培《つちか》われてきた。相手が異民族でも、なるべく多くの味方が欲しいのである。

私はこうして、だんだん韓国の魅力にはまりこんでいった。しかし、当時は問題意識を持つに至らなかったものの、韓国社会は、日本統治時代とは徐々に変貌しつつあった。

第二次大戦が終わり、日本統治に終止符が打たれたとき、朝鮮半島は、いわば無秩序（anomie《アノミー》）状態にあった。亡命先のハワイから、オーストリア人の夫人を伴《ともな》って帰国した李承晩《イースンマン》大統領は、実際に日本統治を体験していないことから、国を奪われたという観念的な歴史を憤《いきどお》るあまり、実情とかけはなれた反日的な政治、教育を実践してしまった。

李大統領は、次の世代に対しては捏造《ねつぞう》に等しい反日歴史教育を施《ほどこ》したばかりでなく、実際に反日を行動に移すことも躊躇《ためら》わなかった。悪名高い李承晩《りしょうばん》ラインという境界線を勝手に設けてしまい、近づく日本漁船を拿捕《だほ》し、漁民を抑留する暴挙に走ることもあった。

一時的に国内では人気取りになったものの、戦後の混乱に直面している指導者としては、政策面では無能に等しかった。しかも、反対派を暗殺したばかりでなく、済州島《チェジュド》では住民の実に半数以上を殺戮《さつりく》するという暴挙を行なうほどの暴君ぶりを発揮した。日本時代を知る人々も、本当のことを口にできない状態だったのである。

李大統領のもとでは、伝統的な儒教による軍人蔑視が行なわれた。朝鮮半島の軍人はもともと同じ国だったのだから、日本での軍歴を持つ人材ばかりだった。なかには、洪《ホン》思翊《サイク》中将のように、帝国陸軍の指導者となる人物も現れる。中将と言えば、仮に師団長のような地位にあれば、一万人もの部下を持つ最高幹部の一人である。

しかしながら、洪中将は、部下による捕虜虐待の責《せ》めを負わされ、戦後、連合軍によって処刑される。たしかに悲劇ではあったが、洪中将の処遇を見れば、日本が朝鮮半島を植民地とは考えていなかった証拠にはなる。実際に日本統治を知らない李大統領は、こうした人々に対日協力者として、民族の裏切り者のような烙印《らくいん》を押してしまった。

また、日韓併合に当たって大韓帝国を代表して働いた李完用《イワニョン》は、民族の裏切り者どころではなく、極悪人扱いとなってしまった。あのとき、もし日本との併合の道を選び、近代化に乗り出していなければ、朝鮮半島は間違いなくロシアや中国の植民地とされ、過酷な搾取に喘《あえ》ぐことになっていたろう。

やがて李承晩の軍人蔑視は、重大な結果を招いてしまう。軍備を軽視したため、戦車も戦闘機もない状態が続いていた。これに目を付けたのが、分断国家の一方である北朝鮮の金日成《キミルソン》主席だった。

誤解されてきた、朴大統領の業績

日本人は、戦争とは、軍備があるから起こるものと洗脳されているが、そうではない。軍事力の不均衡があると起こるのである。金日成は、韓国の軍人蔑視、無防備状態をチャンスと見て取り、ソ連の援助を取り付け、やおら侵攻してきたのである。ミグ-15ジェット戦闘機の大編隊とT-34重戦車の大軍団が、いっせいに押し寄せた。

のちに政界の大立者となる金鍾泌《キムジョンピル》は、ソウル師範学校から陸軍士官学校に転じ軍籍にあったが、北朝鮮の侵攻を知らされ、日本刀をひっつかんで出動したと、回顧録で語っている。文字通り、おっとり刀だが、旧軍の日本刀以外、ろくな武器がなかったということだろう。韓国軍は敗走に敗走を重ねる。

ソウルの漢江《ハンガン》では、電撃作戦で迫ってくる北の戦車を渡らせないため、避難民で混み合っている橋を、住民もろとも爆破するという悲劇も起こっている。とうとう韓国側は半島の東南の片隅に追い詰められ、滅亡寸前という危機に陥《おちい》った。このとき、アメリカを主体として国連は、北朝鮮の侵略と認定し、公式に国連軍を組織して韓国を滅亡から救ったのである。

ちなみに、韓国語には、国連《クンニョン》という単語が存在しない。国際連合《ククチェリョナプ》と言えば通じないこともないが、ふつう使われない。韓国へ通いはじめたころ、ユーエン記念日《キニョミル》という単語にでくわし、意味が判らなかった記憶がある。ユーエンという部分は、ハングル表記である。韓国の知人に尋《たず》ねて、初めて判った。ユーエンとは、日本でいう国連のことだという。UN《ユーエヌ》(United Nations)というわけだが、これをハングル表記されては、判りっこない。

朝鮮戦争(韓国でいう韓国動乱《ハングクトンナン》)の顚末《てんまつ》を詳述する紙数もないが、米軍による仁川《インチョン》上陸作戦によって形勢が逆転し、国連軍は北朝鮮領へ侵攻するものの、今度は中国軍が介入して、人海作戦で再び押し戻される結果になり、やがて休戦を迎える。ひとえに、無能な李承晩が、反日にうつつを抜かしたあげく、招いた悲劇である。やがて、無能ぶりに呆《あき》れはてた国民によって、李承晩は追放される。1960年の4・19学生革命と呼ばれる変革である。

その後、韓国は、1963年、いわゆる5・16軍事クーデターによって、朴正熙《パクチョンヒ》政権時代を迎える。朴の評価はさまざまで、日本では折しも論壇を支配していた左翼勢力によって独裁政権と定義されたためマイナス点を付けられることが多いが、実態はかなり異なる。

あの読売新聞社ですら北朝鮮の金日成全集を出版していたほどで、日本の多くのマスコミが北朝鮮を美化して、トランプ前大統領風に言えば、フェイクニュースを垂《た》れ流していた時代だった。実際は、韓国側としても、北朝鮮という究極の独裁国家に対抗するため、ある程度までは強権政治を敷《し》くしかなかったのである。

朴大統領の事蹟《じせき》は、最近の韓国左翼政権によって、日本統治の実情同様に歪《ゆが》められ、貶《おとし》められている。日本にとってはともかく、韓国にとっては、いわば中興の祖とでも呼ぶべき偉大な指導者だった。

ここで朴正熙という人物を充分に紹介するスペースもないが、かいつまんで言えば、日本をフル活用し援助を取り付けることによって、韓国を工業国に変えたわけである。朴正熙は、慶尚北道《キョンサンプクト》の大邱師範《たいきゅうしはん》を卒業して教員となるが、のちに軍籍に転じている。一時は流行の共産主義にかぶれて死刑判決を受けたこともあるが、やがて少将に昇進して、クーデターに打って出て、政権の座に就いた。

朴の業績のうち、もっとも重要なものは、クーデターからわずか二年後に締結した日韓基本条約だろう。日本は、さすがに賠償という表現は避けたものの、動乱の痛手《いたで》から回復できないでいる元同胞たちに限りなく同情したため、有償、無償で5億ドルという補償金を支払った。現在、韓国では、はした金で国を売ったかのような批判もあるが、当時の5億ドルは巨大である。そのころ、日本の外貨準備が、わずか18億ドルしかなかったことを勘案すれば、いかに日本人が韓国に対して同情と親近感を感じていたか、同時にいかにできるかぎりの誠意を尽くしたか、容易に理解できるはずである。

しかし、寡黙であることを美徳とする日本人は、この措置を韓国側に言いたてなかった。日本人は、恩着せがましくすることもされることも嫌うが、これが良くない。折に触れて、この条約によって日韓の懸案がすべて解決済みとなったこと、韓国の経済発展に寄与したことなどを、恩着せがましく確認しておけば良かったのだが、その努力を怠ってきたため、現在に禍根《かこん》を残す結果になっている。

朴は、日本から得た資金を有効に活用した。多くの途上国で、先進国から援助された資金が、権力者の懐《ふところ》に消えてしまうが、韓国は違った。京釜《キョンプ》（ソウル〜釜山《プサン》）高速《コーソク》道路《トーロ》、古里原子力発電所《コリウォンジャリョクパルジョンソ》の建設をはじめ、また、自動車、造船、電子など産業の振興にも、日本からの資金を充《あ》てたのである。当時の韓国は貧しく、モータリゼーションにはほど遠く、とうてい工業化など難しいと見なされていた。驚くべき先見の明である。

日韓基本条約には反対の声が多かった。しばしば国民の反対を押し切ってと形容されるのだが、それは今のような歪《ゆが》んだ反日のせいではない。日韓の経済格差があまりに巨大だったから、再び日本に呑《の》みこまれると危惧《きぐ》する人々が多かったからだろう。

自動車産業の振興に関しては、ほとんど外貨準備のない韓国で、車を輸入する資金などなかったから、せめてタクシー需要だけでも国産で賄《まかな》おうという心づもりだったようである。実際、韓国政府は北朝鮮の奇襲を恐れていたから、路上に可燃物である自動車が溢れている状態を望んでいなかった。現在も韓国は日本と異なり、歩道橋がほとんどない国である。もし、攻撃を受けて歩道橋が落ちたら、交通が遮断されてしまうからだ。

本来は深刻だった、北への警戒感

私が初めて訪韓したのは、いわゆる「漢江の奇跡」という高度成長の渦中にあったころで、まだまだ日韓の格差は大きかった。のちに『韓国の挑戦』（祥伝社　1979年刊）を上梓したときは、私自身の興味もあって、自動車産業についても説明しておいた。現代《ヒョン》代自動車《デチャドンチャ》のショールームに通い、現代ポニーについて取材した。この車は、エンジンは三菱から提供を受けたものの、事実上の初の韓国国産車だった。車というものは、性能ばかりでなくデザインなども、商品性の大きな要素である。現代自動車はデザインを奮発して、スーパーカーのデザインで有名なイタリアのジョルジエット・ジウジアーロに発注したから、流麗なスタイルのファストバック車に仕上がった。

当時、小学生だったわが家の子供たちが、家のセカンドカーだったフェアレディZを売って、現代ポニーを買ってくれとせがんだほどだった。折からのスーパーカーブームで、目の肥《こ》えた日本の子供から見ても、現代ポニーはかっこよく映ったのだろう。

『韓国の挑戦』は、いわゆる進歩的文化人からは猛烈に反発されたが、日本人の韓国観を変えた、とまで評された。また、自動車業界の人らしい感想文も版元に寄せられた。文面は鄭重《ていちょう》だったが、あなたは韓国に淫《いん》しているだけで、韓国の自動車産業など発展す

ジウジアーロがデザインした現代自動車ポニー

るはずがないと、決めつけていた。あのころ、韓国の自動車産業のポテンシャルを評価した人間は、私以外にはいなかったのである。

また、朴正熙の功績の一つとして、「新しい村《セマウル》運動《ウンドン》」によって農業を立て直したことも、挙げておくべきだろう。戦後、日本はじめ敗戦国は、アメリカの余剰農産物をMSA（相互防衛援助協定）援助というかたちで供与された。日本の優秀な官僚は、受け取った小麦などを国産との価格格差を考えて、価格介入してから市場に出した。無能な李承晩は、人気取りもあってか、MSA援助の農産物をそのまま配ってしまった。これによって、競争力のない韓国の農業は、完全に崩壊してしまったのである。

朴は、口うるさいソウルインテリには嫌われていたものの、農民からは称賛に近い敬意を表されていた。朴自身にとっても、わずらわしい政治の世界から離れ、農村でお年寄りと話し込んでいるときが、もっとも心休まる時間だったらしい。

そのころ日本では、1972年に岩波書店から刊行された『韓国からの通信』がロングセラーになっていた。TK生という匿名の筆者が、朴政権の悪逆非道ぶりを報告するという体裁を取っていたが、あまりにも誇張され、事実でない部分も少なくない。読んでみたものの、私の知る韓国とは違うと感じたものだ。反朴のアジテーションにすぎなかったのだろう。

のちに政治学者の池明観《チミョンガン》氏が、自分が書いたものだとカミングアウトする。版元も、フィクションも交《まじ》えていたことを認めている。池氏は、北朝鮮の惨状を知ってから、同情を示しているものの、あの時代相のなかで祖国である韓国を貶めたことを反省はしていないようである。

実は私も、島根県立大の教授を拝命していたころ、浜田名物のノドグロ鍋を囲んで、同僚の教員とともに池氏と会食したことがある。まるで韓国歴史ドラマに出てくる両班《ヤンバン》(貴族階級)と出くわしたような印象を持ったものだ。上から目線で、空疎《くうそ》な教えを垂《た》れるだけで、一見すると大人物のように映るが、自分を大きく見せるための演出にすぎないような人だった。

私の最初の訪韓のころ、出会った韓国人の多くが、北朝鮮、共産主義の脅威について語ったものだった。工場の壁などには、ペンキ書きの大きな文字で、「ミョルゴントンギル」というスローガンが書いてあった。後半は統一《トンギル》だと判るが、前半のミョルゴンという部分の意味が判らないので韓国の知人に尋ねると、日本語世代の人なので漢字を書いてくれた。滅共だという。それでも、しばらく理解できなかった。つまり、共産主義を滅ぼして、統一を為《な》し遂《と》げるという意味なのだ。もし、日本で「めっきょう」と仮名で書いてあったら、なんのことか、誰にも判らないだろう。

三十人の北朝鮮特殊部隊が、朴正煕大統領の暗殺を狙ってソウルに侵入してきたのは、私の最初の訪韓のわずか三年前のことだった。北朝鮮部隊の最後の一人は、青瓦台《チョンワデー》（大統領官邸）のすぐ前で、射殺されたという。また、一人だけ捕虜となった金新朝《キムシンジョ》は、何年か服役したのち、釈放されてサラリーマンとして韓国で余生を送った。私の親友の作家田中光二が、この金新朝にインタビューしたことがある。数奇な運命というべきだろう。

このように、北朝鮮によるゲリラ事件が頻発していたため、韓国社会の警戒感は深刻と呼べるほど大きかった。動乱はいちおうは休戦状態にあったが、和平が成立したわけではなく、いつ再燃するか判らない不安定な状態のままだった。

特に李承晩大統領による失態が、長く尾を引いていた。中国軍の介入によって、戦線が膠着《こうちゃく》状態になった時点で休戦の動きがあったのだが国連軍と中朝軍との会談が始まったとき、李承晩は大損害を受けたまま休戦会談などには応じられないとして、出席を拒否してしまったのである。

そのため、韓国側は会談に参加しなかった。李承晩が駄々《だだ》をこねたような態度を取ったことが禍根《かこん》となった。韓国は、当事者でないという非難口実を北側に与えてしまったため、のちのち多くの不利益を蒙《こうむ》ることになる。現在も北朝鮮は、アメリカと直接交渉することを望んでいるが、韓国が休戦会談に参加しなかったことをもって、彼らには当事者の資格がないという口実に頼っているからだ。

現在、北朝鮮からの脱北者が話題になることが多いが、その当時は、韓国側から軍事境界線を越えて、北朝鮮に渡る人間も少なからず存在した。軍隊の駐屯地の近くには、ギャンブル場、売春宿などができあがる。こうした悪所に出入りしているうちに借金がかさんで、にっちもさっちも行かなくなる兵士が出てくる。こうした連中が、清水《きよみず》の舞台から飛び降りるようなつもりで、北朝鮮へ逃げ込むのである。北側は、義挙《ウィゴ》として宣伝に利用するものの、しばらくすると消息が聞かれなくなってしまう。利用価値がなくなると、粛清されるのかもしれない。

韓国側から北へ渡るのは、こうした下級兵士に限られる。将校などは北の惨状を知っているから、間違っても、北へ亡命しようなどとは考えない。

逆に北朝鮮から韓国へ逃げてくるのは、高級将校や外交官などである。北朝鮮では、韓国は米帝の植民地で、売春婦と乞食が溢れる貧しいところだと、人民に教えている。北は、共産主義とは建前でしかなく、金一族を頂点とする古代的な専制王朝のようなものだから、人民は真相を知らされない。韓国が発展しているという情報に接することができるのは、エリート階層だけである。ミグ-19戦闘機に乗って、パイロットが亡命してきたりする。最初は韓国側も莫大な報奨金を用意していたが、度重《たび》なると旧式戦闘機ばかり持ち込まれても扱いに困るため、だいぶ減額したらしい。

報道される韓国とは違う姿が見えてきた

何度目の訪韓のときか、はっきり覚えていないのだが、ソウルの銀座にあたる明洞《ミョンドン》で、マスコミ関係の友人と待ち合わせたところ、ある角を曲がったところで仰天した。迷彩服の兵士が、道路を遮断している。しかも、その向こうには、土嚢《どのう》を積んだ上で黒い筒《つつ》のようなものが、こっちを向いている。よく見ると、機関銃の銃身だった。兵士に誘導され、迂回《うかい》させられた。遠回りして知人と会うと、マスコミ人だけに事情を知っていて教えてくれた。銃を持った脱走兵が徘徊しているため、厳重な警戒が敷かれていたというのだ。

韓国は北朝鮮と対峙《たいじ》しているため、男子には兵役が課されている。なかには訓練の厳しさに耐えきれずに、こうしたケースも起こるのだという。アメリカでも、徴兵登録《レジストレーション》が若者の暴動を招いた例がある。平和ボケした日本では判りにくい、厳しい情勢なのだ。

今でいえばショーパブのようなビアホールで、妙な経験をしたことがある。そのころ世界的に長髪が流行《はや》っていた。長髪の若い歌手が大人気で、若い女性ファンが、嬌声《きょうせい》を挙げ熱狂している。そのなかに、ポップスなど興味のなさそうな厳《いか》めしい顔の中年客が、数人混じっているのが不思議だった。

先に挙げた友人が、教えてくれた。その歌手は、徴兵で兵役に服《ふく》しているというのだ。特例で外出を許されて、ここに出演しているという。場違いな中年男たちは、彼の上官なのだという。また、徴兵期間は髪を刈《か》り上げなければならない。そこで、長髪の鬘《かつら》を用意して出演している。ここでの出番が終われば、上官が駐屯地へ連れ戻すのだそうだ。韓国軍も、案外、粋《いき》な計らいをするものだと感心させられた。

そのころ、ソウル市内は、夜の十二時から朝の四時まで、外出禁止になっていた。深夜、北朝鮮の工作員などが、活動するのを防ぐためである。例の友人は、私より年下だから、日本語世代ではない。そこで、英語、韓国語で話したわけだが、日本では使われることのない一つの英単語を教えられた。外出禁止（curfew《カーフュー》）とは、もともと晩鐘の意味である。夜、教会の鐘が鳴ると、城壁の外にいた人々は、みな城内へ戻らなければならない。深夜、敵が攻めてくるかもしれないからだ。日本では、城郭都市（castle city《キャッスル・シティ》）は、戦国時代の堺《さかい》が土塁に囲まれていた程度で、他にはまったく存在しないが、ヨーロッパや中韓では、都市といえば、城壁で囲まれているのが普通である。晩鐘（curfew《カーフュー》）が鳴ると、城門は閉ざされてしまう。押し入ろうとすれば射殺されかねない。

ソウルの外出禁止（curfew《カーフュー》）でも、その時間に往来を歩いていたりすれば、逮捕される。実際、不審な車が、夜間警戒に当たっていた軍によって銃撃されたケースもあったそうだ。私も若かったから、外出禁止の間、終夜ディスコで過ごしたこともある。朝の四時になると、十二時すぎの銀座なみのタクシーラッシュが起こる。外出禁止《カーフュー》が解けると、みなタクシーで帰宅するからだ。

私は、日本で報道される韓国とは、違う韓国が見えてきたような気がしはじめた。日本では、独裁政権下で呻吟《しんぎん》する人民というステレオタイプな韓国イメージが、例の大新聞を主として報道されていたが、どうやら疑似イベントにすぎないと気づいたのである。若者はディスコで踊る自由があるし、一般の人々だって、べつだん独裁政権と戦っているわけではない。

だいたい、韓国人は政治談議が大好きである。知りあった年配者のなかには、口をきわめて現政府を罵《ののし》る人が少なくなかった。いくら日本語でも、聞いている私のほうがはらはらしたほどだった。日本では、ＫＣＩＡ（大韓民国中央情報部）という組織のことがオーバーに報道されていたから、反政府的な言論は、弾圧されるという先入観があったからだ。ただ、北朝鮮を利《り》する言論は、いわゆる反共法で取り締まられたものの、政府批判が禁じられていたわけではないとだんだん判ってきた。もし、日本で報道されるような独裁政権なら、それすら許されるはずがない。

１９７０年代から、韓国は、口コミ社会だった。過酷な歴史を通じて、体制不信が当たり前の社会だから、当局の発表を信じないため、あれこれ噂が乱れ飛ぶことが多い。私自身が経験したエピソードでは、１９７７年にアメリカで、ジミー・カーター大統領が当選したとき、韓国を震撼《しんかん》させたフェイクニュースがある。カーター大統領の選挙公約の一つに、在韓米軍の撤退というものがあった。当時の韓国人は、北の脅威を共有していたから、米軍抜きでは韓国の安全保障が成り立たないことを、みな痛切に感じていた。

誰が言い出したのか、はっきり判らないのだが、朴大統領が日米と密約を結んだというのである。その密約によれば、在韓米軍の肩代わりに、日本の自衛隊が進駐してくるというものだった。もちろん、平和ボケの日本人には、仮定の話としてもありえないことだと判る。しかし韓国では、日本がらみのこととなると、あっさり信じられてしまう素地がある。韓国の知人から、事の真偽を問いただされて、打ち消すのに大わらわになった記憶がある。

この口コミ社会が、現在ではネット社会に進化したから、かつての何百倍もの情報量に拡大しているため、恐ろしいことになる。もちろん日本でも、ＳＮＳの弊害が問題になることはあるが、韓国の比ではない。誹謗《ひぼう》中傷が乱れ飛ぶ社会になり、自殺者が続発することになる。

第二章

今の韓国があるのは、いったい誰のおかげだ！

韓国の近代化は、日本によって達成された

「お前が一人前面《づら》をしていられるのは、いったい誰のおかげだと思っているんだ！」

ドラマなどではお馴染《なじみ》の台詞《せりふ》だが、実際には、日本人がもっとも嫌う言葉だろう。言いたくても言いにくいし、言われるほうも言われたくない。この言葉を、もっともぶつけてやりたい相手国が、韓国である。

例の大新聞の世論操作なのだろうが、いわゆる植民地史観というものがある。日本が、朝鮮半島を植民地として支配したとする解釈だが、これが大間違い。実際には併合していたのだから、同じ国民だったのである。

日本が介入する以前、そこには大韓帝国が存在した。1897年、李《り》氏朝鮮王朝は、大韓帝国を名乗った。それまで、朝鮮半島の歴代王朝は、中国の王朝の冊封《さくほう》（承認、援助）を受け、属国扱いされていたため、王、王国としか名乗れなかったのだが、日清戦争の敗北によって中国の清《しん》朝のプレゼンスが後退したのを契機として、史上はじめて皇帝、帝国を称《しょう》することができたのである。

しかし、いくら皇帝、帝国を称しても、実体は旧態依然とした李朝時代と変わらなかった。欧米列強が牙《きば》を剝《む》く国際社会で生きていくには、賄賂《わいろ》と陋習《ろうしゅう》と旧弊《きゅうへい》に満ち溢れ、

封建的なままで、まったく近代国家の体《てい》を成していなかった。

改革を志す金玉均《キムオクキュン》のような人物がいても、あえなく殺されてしまう。単に殺されただけではない。その遺体は、凌遅刑《りょうちけい》という古代的な刑罰を受けて、バラバラにされて、各地方で曝《さら》し物《もの》にされたという。とうてい近代国家のすることではない。

政権を握っていた閔妃《ミンビ》は、日本嫌いだったが、なんと朝廷をロシア公使館に移す始末だった。世界的に見ても、一国の政府が外国の公館のなかに置かれたなどという例は、他には皆無だろう。この一事をもってしても、大韓帝国が生き残れる可能性はありえなかったことが判る。

日本は、求めに応じて、韓国軍の近代化に協力する。この部隊は、別枝軍《ピョルジグン》とよばれた。日本軍人は、わが民族特有の律儀さで熱心に西欧式の軍制を伝授したものの、すべて裏目に出た。韓国側は、別枝軍の俸給、装備などを、旧制そのままの他の部隊の給与を削《けず》って捻出《ねんしゅつ》したのである。当然、旧部隊の軍人は、当の別枝軍ばかりでなく、日本人を怨《うら》むように仕向けられる。

こうして、旧軍が反乱を起こし、多くの日本人が殺されることになったが、閔妃は、鎮圧を清朝に依頼する始末だった。政府を他国の公館の中に置いたり、自国の反乱の鎮圧を外国に依頼したり、まさに前代未聞《ぜんだいみもん》の対応が続いたのである。とうてい独立国とは思えない対応ぶりだった。

ここでは、併合に至る経緯を詳述する紙数もないが、大韓帝国は、わずか十三年で終わりを迎える。総理大臣の李完用《イワニョン》が認めたのだから、公式に併合が成立したわけである。併合の三年前、皇帝高宗《こうそう》は大臣たちから退位を迫られ、伊藤博文《いとうひろぶみ》に相談する。もちろん、伊藤は断る。外国人としては、そうしたことをアドバイスする立場にない、と答える。当然である。一国の皇帝が自分の進退を外国人に相談する。これまた、前代未聞の珍事である。

その伊藤は、満州のハルビン駅頭で、安重根《アンジュングン》に暗殺される。安のような書斎人が、テロリストに変わる。これもまた特異な風土である。伊藤暗殺は、かえって日韓併合への歴史を加速してしまう。

大韓帝国の皇室は、そのまま日本の皇族待遇とされ、李完用は日本の侯爵に任じられる。このあたりも、併合が強制されたものでなかったことの証《あかし》となる。

もし、軍事力にものを言わせて併合したのであれば、相手国の王家を存続させるわけがない。たとえば、七つの海を支配したと言われるイギリスは、ムガール帝国を滅ぼした後、最後の皇帝バハードゥル・シャーをミャンマーに幽閉してしまった。日本が、朝鮮王家を自国の皇族と同じ待遇としたのは、それなりに公平な取り組みだったと言えよう。ちなみに、明治維新の際、琉球（沖縄）の尚《しょう》王家も親王待遇となっている。

以後、日本統治下で、朝鮮半島の近代化が急速に進められる。鉄道、学校、工場、発電所、炭鉱などが急ピッチで建設整備され、李朝時代の窮状が改善されていく。首都京《けい》城《じょう》（現ソウル）の貧民窟《ひんみんくつ》（スラム街）が撤去され、人口が急増して、近代都市に生まれ変わる。日本は、新たに同胞となった人々に対して、できる限りの恩恵を施したのである。

一事が万事、植民地史観で、大日本帝国の悪行であるかのように捏造《ねつぞう》され誤解される朝鮮統治だが、実は莫大な資金を投入した、日本の持ち出しによって経営されていたのである。

台湾統治と較べれば、はっきりする。台湾も日本の一部に組み込まれたわけだが、製糖事業など利益を上げているが、朝鮮は、終始マイナス収支のままだった。むしろ日本の犠牲の上に近代化が成った、というべきだろう。

日本語の流入がなければ、近代化はできなかった

経済面ばかりでなく、文化面でも多くの変革が進行した。福沢諭吉《ふくざわゆきち》はハングル活字を製造させ、普及にこれ努めた。李朝以来、朝鮮の知識人は事大《じだい》思想に凝《こ》りかたまっていたから、漢字しか使わなかった。事大とは、大いなるものに事《つか》えるという意味で、封冊を受けている中国に事えることを意味する。これでは識字率が上がらない。そこで、日本の漢字・仮名混じり文のように、漢字・ハングル混じり文を奨励したのである。

李朝時代の唯一の名君とされる世宗《セジョン》大王が創製したハングル文字だが、児孩《アヘク》クル、牝《アム》クルと呼ばれ蔑まれていたから、誰も使おうとしなかった。児孩《じがい》とは、童《わらべ》という意味の漢語で、クルとは朝鮮の固有語で文字のことである。かつて軽蔑しきっていたハングルを、今や韓国人は、世界的な発明だなどと誇張して宣伝している。このあたりも、あの民族の特異性の一つだろう。

朝鮮は、長い歴史を通じて中国の冊封を受けていたから、半独立のような状態だった。しかも、欧米諸国から隠者の国（hermit nation）と呼ばれた鎖国状態にあったから、いざ近代化となっても欧米からもたらされた事物、文化、思想、学術など、呼び名すらない。

その点、日本人は、これら欧米の産物を取り入れるに当たって、まず訳語から整備している。新聞《シンムン》、経済《キョンジェ》、民主主義《ミンチュチュイ》など、韓国音で読みかえられて、今日も使われているが、日本語の影響はそればかりではない。併合によって日本語が普及したわけだが、その影響は、現在も残っている。

新聞、経済、民主主義などの例を挙げたが、こうした音読みの漢字熟語ばかりでなく、実は、訓読みの日本語を韓国音で読み変えた単語が、ほとんどすべて現在も使われている。漢字そのものは、もちろん中国起源だが、現在の韓国で使われる漢字熟語のほとんどがハングル表記されてあっても、日本語に由来している。たとえば、取調《チュイジョ》、手続《スソク》、手当《スダン》、貸切《テージョル》、組合《チョハプ》、株式《チュシク》、大売出《テーメーチュル》、割引《ハリン》など、数えきれない。日本語では、取調《しゅちょう》、手続《しゅぞく》、手当《しゅとう》、貸切《たいせつ》、組合《そごう》、株式《しゅしき》、大売出《だいばいしゅつ》、割引《かついん》などとは読まないから、発音は似ても似つかないが、もともと日本語から来ているのだ。

反省好きな日本人は、統治下で日本語を強制したかのように思い込み、しきりにすまながったりするが、裏を返せば日本語の助けなしには近代化が成らなかったことになる。日本人としては、大いに誇るべきだろう。謝る必要などまったくない。

いわゆる創氏改名《そうしかいめい》も、誤解されている。朝鮮人に名前を変えることを強要したかのように錯覚している日本人がほとんどだろうが、実情は異なる。氏姓《うじかばね》というが、朝鮮人の名というのは、一族の発生地に由来する血族集団を指《さ》している。日本で言えば、姓《かばね》のようなもので、おおまかすぎるのだ。つまり、一家それぞれの名のりが必要になる。

そこで、氏《うじ》にあたる名を、名乗ってほしいという要望がなされた。朝鮮人のほうも、商売の都合などから日本式の苗字の必要を感じていた。たとえば金さんだが、金海金氏《キメキムシ》など六百万人もいる血族集団である。仕事のうえでも、どこの金さんか判らなくなって困ることが多い。それぞれ金田、金子、金海など、個別の苗字を名乗ってくれれば、ややこしくなくなる。現在も、在日韓国・朝鮮人の多くが、通名として日本式の苗字を用いている。便利だからだろう。

あたかも強制されたかのような誤解があるが、先に挙げた洪思翊《ホンサイク》中将は、創氏改名をしていない。そのまま日本読みして洪思翊《こうしよく》で通している。部下のほとんどは内地系の日本人だから、洪《こう》中将閣下が朝鮮系だということは名前から判っているが、上官として命令に服しているし、どこからも文句は出なかった。韓国における和製漢字熟語について興味のある方は、拙著『韓国が漢字を復活できない理由』（祥伝社新書）を参照されたい。

日本語の流入は、今も続いている。団地《タンチ》という単語など、戦後に採用されたものである。技術用語などは今も日本で翻訳されたものが、韓国語の発音で読み換えられて、そのまま流入している。すぐ隣りに、かつて同じ国民だった翻訳熱心な国があるからこそ、韓国は欧米の技術情報など、日本語経由で簡単に手に入れることができ、発展に利用できたのである。たとえば、原子力では加圧水炉《カアプスロ》、制御棒《チエオポン》、圧力容器《アムニョクヨンギ》など、ほとんどすべて日本語からの読み換えである。

また、文学作品なども、日本語からの重訳が少なくない。ノーベル文学賞を受賞したポーランドの小説家シェンキェヴィッチの『クォ・ヴァディス』が刊行されたとき、韓国にはポーランド語の翻訳者がいなかったため、日本語からの重訳だったという話を聞いたことがある。

日本統治時代、日本が朝鮮半島に施した恩恵は、計り知れないほどである。すべて列挙する紙数もないが、現在も北の経済を担《にな》っている工業では、多大な貢献をしている。鴨緑江《アムノクカン》にかかる水豊《スプン》ダムは、1944年に完工した東洋最大級の水力発電所である。日本人は戦争末期になっても、手掛けた仕事をきちんとやりとげたのである。のちに朝鮮戦争のとき、米軍は北の電力源を断《た》つため躍起になって爆撃したものの、ダム本体はびくともしなかった。また、巨大な電力を利用して、肥料工業も発展させた。硫安《りゅうあん》（硫酸アンモニウム）を大量に生産することによって、朝鮮の農業生産は飛躍的に拡大した。

　朝鮮半島が日本抜きでは存続しえない状態は、戦前、戦中ばかりでなく、戦後も続いた。韓国動乱において、日本は巨大な補給基地の役割を果たした。韓国では、他国の内戦に乗じて大儲けをしたという対日非難が定説化しているが、一方的としか言いようがない。韓国が北朝鮮・中国軍の猛攻を受けて、なす術《すべ》もなく東南の一画に追い詰められ、断末魔《だんまつま》に陥ったとき、食糧、物資などを日本から運ぶことによって、国連軍の反攻が可能となった。

　多くの日本人が、韓国人をかつての同胞と考え、その窮状を救おうとしたのである。動乱が終わってからも、その痛手から回復できないでいる同胞に対するシンパシーは、日本人の心に留まりつづけた。

　日本が朝鮮の重工業化を助けた例をいくつか挙げてみたが、そうした大規模な協力ばかりでなく、庶民生活に根ざした分野でも、日本人の助力は変わらなかった。

　三養食品《サミヤンシクプム》といえば、韓国有数のインスタントラーメンのメーカーで、創業は日韓条約が結ばれる四年前の１９６１年である。創業者の全仲潤《チョンチュンニュン》は、若き日、初めて日本のインスタントラーメンを食べて、感じいった。貧しい同胞にも食べさせたいと一念発起して、一面識もない明星食品の創業者の一人である奥井清澄《おくいきよずみ》のもとを訪れた。奥井は、かつて同胞だった異国の青年の熱意に動かされ、インスタントラーメンの製法、技術を無償で伝授したのである。せちがらい現在では、企業秘密を無償で与えるなどということはありえない。また、製造に要する機械、用具などの手配にも、協力するほどだった。こうして、韓国のラーメンの歴史が始まったのである。

全は、日本世代だから、終生、奥井の恩義を忘れずに、周囲にも語っていたというが、2014年に全が九十四歳の天寿を全《まっと》うするとともに、三養食品のHPでは、日本からの好意で発展したという社史の記述が削除されたという。

韓国では、最近、味元《ミウォン》の創始者の林大洪《イムデホン》が九十六歳の天寿を全うしたが、この人も、若き日、日韓条約の締結の前に訪日し、味の素を訪れ、グルタミン酸ソーダの製法を学んだという。

日本では、商品名を出すことを避けて、NHKが化学調味料という名称を使っているが、韓国では、この味元を人工調味料《インゴンチョミリョ》と呼んでいる。日本も、原料は植物なのだから、こっちの名称にすべきではないだろうか。化学調味料というと嫌う人が少なくないが、化学薬品から造られるかのように誤解されているからだろう。

ともあれ、ラーメンにしろ、人工調味料にしろ、創業者が若き日に日本から学んだことが、今日に繋がっているわけだ。

車も製鉄も、みな日本の技術支援の賜《たまもの》

韓国の高度成長の立役者であり、現在も輸出の花形である自動車産業についても、先に現代ポニーには触れておいたが、いま少し詳しく語っておきたい。つい最近のニュースだが、アメリカ市場における車種別の評価で、五部門において、日本車がトップを占めたという。たしかに、アメリカにおける日本車の評価は高いのだが、同時に韓国車も、別の五部門でトップを占めている。

現代《ヒョンデー》自動車の躍進は、よく知られるが、古くからのメーカーとしては、今は現代と同じ系列に入っている起亜《キア》モーターの歴史も無視できない。起亜は、広島の東洋工業（現マツダ）と提携し、マツダ・ファミリアのKD《ノックダウン》からスタートした。私が韓国へ通いはじめたころ、タクシーといえば、このファミリアばかりだった。

もともと、マツダの本社がある広島は、距離的なこともあって韓国と縁が深い。在日韓国・朝鮮人も多く、広島県民も韓国に対して、親しみに近い感情を持っていた。そこ

へ提携の話が進んだのだから、マツダの技術者は、持てる技術、ノウハウを伝えることに熱心に取り組んだ。こうして起亜は、発展したのである。韓国では、今もワンボックスカーをボンゴと呼んでいるが、マツダ・ボンゴしかなかった時代が続いたので、ホッチキス、キャタピラーのように、商品名がそのまま普通名詞化したのである。

韓国が自動車輸出国になる可能性に、私が気づいたのは、１９７０年代の終わりに、グアテマラで現代ポニーを見かけたときである。日本車が進出していない地域で、わずかずつながらシェアを伸ばしていき、やがてアメリカ市場に打って出るのである。

今日、韓国の自動車産業が、アメリカ市場ですら評価されるようになったのはいったい誰のおかげなのか、それははっきりしている。日本人は、仕事には手抜きをしないことで、定評がある。かつての同胞の住む隣国に対して、できる限りの誠意をもって技術移転に努《つと》めたのである。現代ポニーのケースでも、三菱は雀の涙ほどの安いロイヤルティで、１３００ｃｃエンジンを提供したという。

日本の協力は、車だけに留まらない。

製鉄では新日鉄（現・日本製鉄）が、最大限の協力を果たした。韓国側の受け皿となったのがＰＯＳＣＯ《ポスコ》（浦項製鉄製鋼所《ポハンチェジョルチェガンソ》）で、朴正熙大統領の重工業化の方針を受けて発足したものの、実現は難航した。当初、日本の八幡製鉄、富士製鉄（後に合併して新日鉄　現在の日本製鉄）など外国八社の協力を仰《あお》ぐとしたものの、リパブリックスティールなど欧米各社は、メリットがないとして手を引いてしまった。資金面でもアメリカなど外国に頼ったものの、採算性に欠けるとして、欧米の金融機関は、どこも引き受けない。世界銀行へ出資を申請したものの、ただちに却下されてしまった。こうして計画は技術面、資金面で、暗礁《あんしょう》に乗り上げてしまった。

この窮状を救ったのが、日本だった。韓国側の出資金は、例の戦後補償金の中から七千万ドルが拠出されたものの、まだ足りない。そこで、日本政府が保証して、日本輸出入銀行から賄《まかな》うことになった。日本の鉄鋼二社は、欧米各社が手を引いても、そっぽを向くことはなかった。

ひとえに、旧同胞のため協力する決意ゆえだった。難航した計画は、１９７３年に完了した。こうして浦項《ポハン》には、日本の最新鋭の君津製鉄所と同じレイアウトの製鉄所が竣工稼働したのである。

私が見学したとき、日本のマスコミ人と見て、ロココ調の豪華なゲストハウスに泊めてもらったものの、ヘルメット姿で説明を受けた際、ＰＯＳＣＯ側の案内係は流暢《りゅうちょう》な日本語ながら、完成に当たって日本の協力があったことに関しては一言も言及しなかった。自動車、製鉄など、大規模な分野における日本の貢献を列挙してきたが、ここで現在も続く身近な日本の影響を紹介してみよう。

友人の漫画家とり・みきは、「オジギビト」なるものをコレクションして、分析している。「オジギビト」ととり・みきが名づけたのは工事現場などに掲《かか》げてある、ヘルメットをかぶってお辞儀をしている作業服姿の絵である。たいてい「工事中、ご迷惑をおかけします」というような吹き出しがついているが、いくつかパターンの異同があるという。

これが、韓国でもたくさん見受けられる。ソウル市内など、いつも工事をしているような状態だから、そこら中に、「オジギビト」が氾濫している。ハングルの台詞《せりふ》が読めないから、読んでくれと頼まれた。「工事中《コンサチュン》、ご迷惑をおかけして《ペ・ルル・キチョーソ》、すみません《ミアンハムニダ》」と書いてある。日本と同じである。台湾や中国なら、もしかしたらあるかもしれないが、欧米にはあるまい。韓国の「オジギビト」も、あきらかに日本の影響である。

また、あちこちの工事現場に掲げてある「アンジョンチェイル」というスローガンも日本に学んだものだろう。ハングル表記で安全第一ということだが、形式化している面もある。形は日本に学んでも、不実工事《プシルコンサ》（手抜き工事）が絶えないのは、いわゆるケンチャナ（かまわない）という国民性のせいだろう。万事、大まかな気性の韓国人は、細かい点には拘泥《こうでい》しないのである。

この悪名高いケンチャナ精神が如実に表れたのが、「世越号《セウォル》」というフェリーの沈没事故だった。無理な改造をほどこし、重心を高くしてしまい、高校生を含む数百人もの犠牲者を出してしまったのは記憶に新しいところである。しかも、船長はいち早く逃げてしまったというから、語るに落ちる話である。

また、三豊《サムプン》デパートの崩落事故でも、五百人もの買物客が死亡している。これまたケンチャナ精神を発揮して、増改築の無理を重ねたせいである。

当時、日本語世代の韓国人は、こう語ったものだ。「日本人が造った新世界百貨店《シンセゲペクファジョム》は、びくともしない」。新世界百貨店の旧館は、日本時代の京城三越《みつこし》百貨店の建物をそのまま使っている。今も動いているかどうか知らないが、日本橋の三越本店にあるような戦前のエレベーターが使われているのを見て、びっくりした記憶がある。さらに、ソウルの漢江《ハンガン》にかかる聖水大橋《ソンステーギョ》の崩落事故も、忘れられない。

なぜ、嫌味のように韓国のケンチャナ事故を列挙しているかというと、私が何十年も取り組んできたテーマと関わりがあるからだ。ＳＦ小説の未来エネルギーとして、商業用発電炉が一基も稼働していないころから原子炉めぐりを始め、日本中のすべての原子炉を取材したことがある。

３・11事故から十年、かつて世界一の原発技術を持っていた日本は、原発憎悪とでも形容すべき状態に変えられてしまった。はたして今後、世界の原発製造を、中国と韓国に任せきって良いものだろうか。再考すべき課題である。原子力の関係者の間では、万一という言葉は禁句になっている。万一では確率が高すぎるからだ。万一、重大事故が起こったら、ケンチャナではすむまい。

第三章

左傾化する韓国。主思派《チユサパ》は、なぜ台頭したのか

日本人が知らない、光州事件の真実

朴正熙《パクチョンヒ》政権による「漢江《ハンガン》の奇跡」と称《たた》えられた高度成長は、日本時代に育ったため日本人の扱いを悟りきっていた朴の手によって、日本人が手玉に取られたような形で達成されたものである。朴正熙という複雑な人物は、しばしば親日派と見なされているが、必ずしも当たってはいない。日本人の懐《ふところ》へ飛び込んで頼れば、義俠心に溢れた日本人がどう対応するか、小面憎《こづらにく》いほど計算していたのである。

朴は、極貧で過ごした幼少時、成績が良かったことから師範学校進学を勧めてくれた日本人の恩師に感謝するなど、日本時代に対するノスタルジーを感じていたことは確かだが、娘の槿恵《クネ》に反日教育に近い愛国教育を施《ほどこ》したらしい。

周囲の韓国人に対しては、用日《ヨンイル》（日本を用いる）が、口癖だったという。韓国が反共の砦《とりで》として日本の国益にも合致することを折に触れて言い立て、親日派を装う老獪《ろうかい》さも備えた人物だった。

朴の屈折した対日観を証明するには、このエピソードを紹介するだけで充分だろう。朴は、トランジットで滞在したのを除けば、一度も訪日したことがなかった。歴代の韓国首脳としては異例である。

その朴は、1979年にKCIAの側近だった金載圭《キムジェギュ》によって暗殺され、六十一歳の生涯を終える。執政十六年に及んだ。軍人あがりにしては、反面対決《パンミョンテーギョル》、反面建設《パンミョンコンソル》というスローガンを掲げながら、北朝鮮のゲリラ活動への備え以外にはほとんど軍備を増強しようとしなかった。もっぱら民生向上と経済建設に注力したのである。

また、死後になって判ったのだが、ほとんど私財が残されていなかった。あれほどの権力者にしては、私腹を肥《こ》やすことをしなかったのである。韓流歴史ドラマを見れば判るが、異例中の異例だろう。その朴執政によって、韓国経済は飛躍的に伸張したのだった。

1961年の軍事クーデターで国家再建最高会議議長に就任し、1963年から1979年まで大統領だった朴正煕

偉大な中興の祖、朴正煕の暗殺によって、韓国は大混乱に陥った。朴正煕暗殺の後遺症のように起こった大事件があり、いまだに韓国の世論を二分する謎となっている。それが、いわゆる光州事件《クヮンジュサコン》である。左翼的な人々は、光州大虐殺などと呼ぶが、逆に保守的な人々は光州暴動と呼び、完全に解釈が分かれている。この事件の背景には、北

朝鮮と対峙する韓国特有の事情が存在した。

1970年代の韓国が北の脅威にさらされている状況については、これまでにも解説してきた。私のような外国人でも、足しげく韓国に通ううちに、肌で感じられるようになっていた。ある日、ソウルの宮殿を観光していると、サイレンが鳴り渡った。何事か判らないので棒立ちになっていると、日本人観光客の一団を案内していた韓国人の女性ガイドが、近くの茂《しげ》みに観光客を誘導している。その人は、私にも、隠れろと勧める。

その日が、民防衛日《ミンバンウィナル》だと教えられた。北朝鮮の侵攻に備えて、訓練するのである。屋内にいた人は建物から出ないようにし、路上の人は物陰に身を隠す。また、会社や官庁には、職務上の上下関係とは関わりなく、徴兵で受けた階級や錬度によって民防衛の責任者が決まっていて、施錠したロッカーを開けて収納された武器を取り出す。

いざというときは、責任者の命令に従って、その武器を取って戦うわけである。月一回の民防衛日には、その後、また出くわしたことがあるが、物陰に身を潜《ひそ》め、路上を見守ると、訓練とはいえ実際に装甲車と武装兵が通過するところだった。

話を光州事件に戻す。朴大統領の暗殺後、韓国は混乱した。北との対決という緊張状態が溶けたように錯覚した反体制派の人々は、民主化を求めてデモを繰り返した。いわゆる「ソウルの春」という自由がもたらされた。

その一方、この機《き》に乗じて、北朝鮮が南進してくるかもしれないという危惧《きぐ》が生じてもいた。当時の韓国では、しばしば誤判《オバン》という単語を見かけたものだった。つまり、北側が、韓国内が混乱していると見てとると絶好の機会と誤判して、介入してくるかもしれないのである。

陸軍の鄭昇和《チョンスンファ》大将は、全土に戒厳令を敷いた。金大中《キムデジュン》、金泳三《キミョンサム》など、反体制派と目《もく》される政治家ばかりでなく、保守の重鎮である金鍾泌《キムジョンピル》さえも、やがて軟禁される事態となる。各地に民主化を求めるデモが続発した。光州事件の発端もデモから始まったのだが、やがて、どういう経緯か、民防衛の武器を手にした一部の人々が暴徒化する。

銃器を持ったとなると、単なるデモではすまされない。軍が鎮圧に乗り出す。その結果、二百人ほどの死者を出す悲劇に発展した。例の大新聞などは、当初、二千人が虐殺されたなどと報じたが、これは韓国嫌い、北朝鮮贔屓《びいき》からくる誤判のせいだろう。軍部としても、北が介入してくる前に、鎮圧を急ぐ必要があったのだ。

事件からそれほど経《た》っていない時期に現地を取材し、多くの人の証言を引き出した産経新聞の故・柴田穂《しばたみのる》氏から、私は直接に話を聞いたことがある。柴田氏は、民防衛施設で武器を取り、武装蜂起の状態になったのは、北の工作員が働いたせいだと分析していた。柴田氏は、犠牲者二千人説を当初から否定し、二百人足らずだと語ったものだ。

光州という場所柄も、意味を持っていたらしい。私も、羅州《ナジュ》古墳群の取材や、近くにある新安《シナン》沖沈船の積み荷を収蔵する展示室を見学するなどの目的で、二度ほど光州へ行ったことがある。ここらはかつての百済《ペクチェ》王朝の故地である。韓国軍の幹部は、往《い》にし方《え》の新羅《シルラ》の故地である慶尚道《キョンサンド》の出身者が多い。

戦前の朝鮮史学者の稲葉岩吉《いなばいわきち》が、東洋のスパルタと呼んだように、新羅王朝は、花郎《ファラン》という武士階級を持ち、尚武《しょうぶ》の気質で有名である。新羅に滅ぼされた百済王朝ゆかりの全羅道《チョルラド》は、とかく差別の対象とされてきた。全羅道は湖南《ホナム》地方とも呼ばれるが、就職、結婚など、いろいろな面で差別に遭《あ》っている。さる世界企業は、全羅道出身者は雇用しないと公言していた時期があるほどだ。そのころ、ソウルの食母《シンモ》（お手伝いさん）と売春婦のほとんどが、湖南出身者だと言われたものである。

結局、真相は謎のままとなった。そのため、軍制に対する民衆の抵抗の象徴と祭り上げられ、現左翼政権のもとでは、その悲劇性と偉業が称揚《しょうよう》されているのだが最近、またもや評価が変わりつつある。２００６年、朝鮮日報《チョソンイルボ》は、脱北してきた元軍人の証言とし

韓国の行政区分

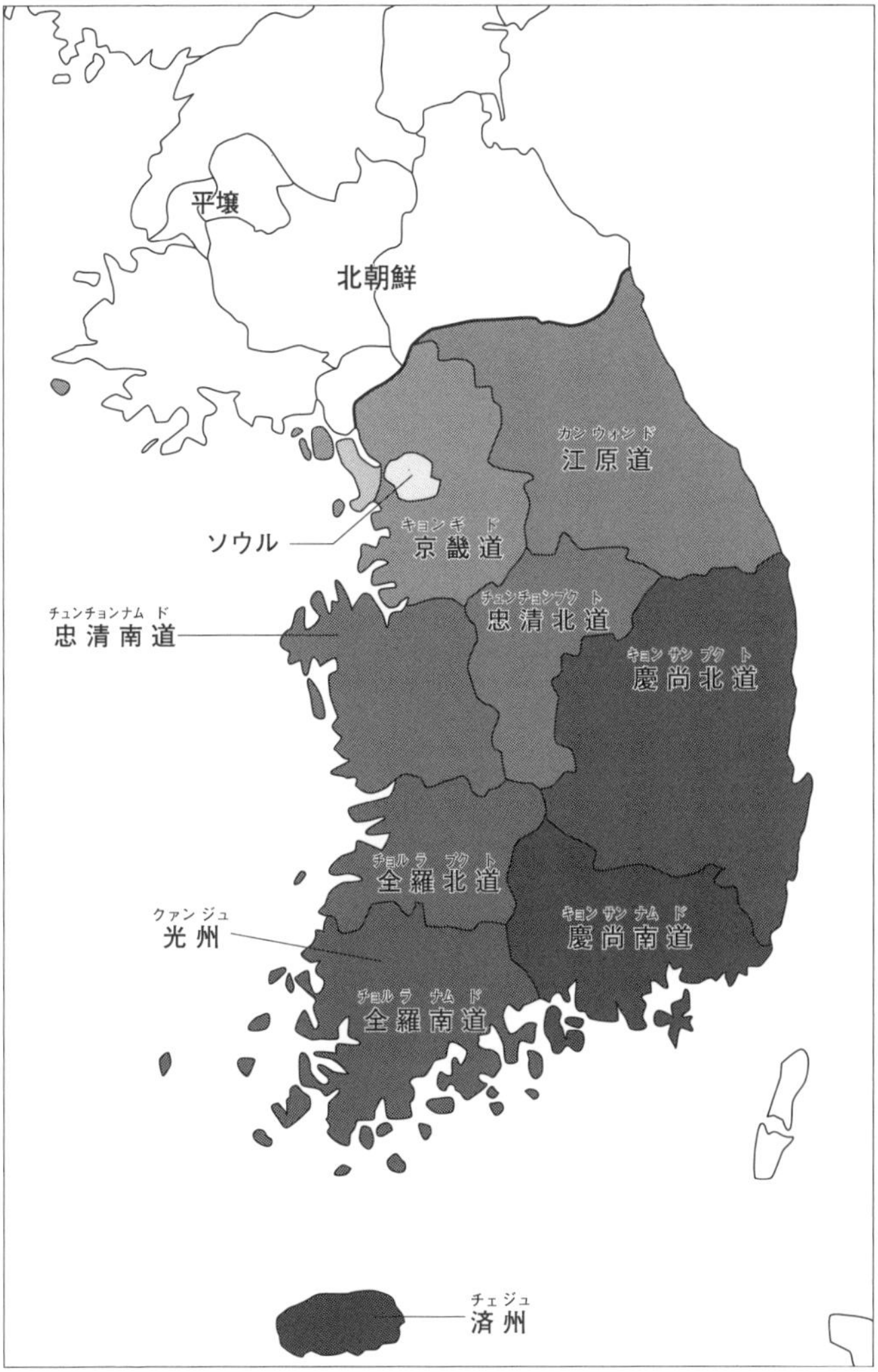

平壌
北朝鮮
江原道《カンウォンド》
ソウル
京畿道《キョンギド》
忠清南道《チュンチョンナムド》
忠清北道《チュンチョンブクト》
慶尚北道《キョンサンブクト》
全羅北道《チョルラブクト》
光州《クァンジュ》
慶尚南道《キョンサンナムド》
全羅南道《チョルラナムド》
済州《チェジュ》

て、光州事件には、韓国内の北朝鮮工作員が関与していたと報じた。朝鮮日報は、保守系のメディアだから、ハンギョレ新聞など左翼系メディアから反論が上がったが、韓国軍の元大佐である池萬元《チマヌオン》も、著書で北朝鮮関与説を説いたので、にわかに信憑《しんぴょう》性が増すことになった。やはり、かつて柴田穂氏が、分析した通りだったのだろう。

光州鎮圧に当たった全斗煥《チョンドハン》は、軍部内のクーデターで、鄭昇和《チョンスンファ》に取って代わり、やがて大統領に就任する。歴代大統領が、権力の座から降りたとたんに訴追されることになるのは、韓国の恒例のようになっているが、全斗煥《チョンドハン》も例外ではない。死刑判決の理由は、光州事件における市民虐殺の責任を追及するものだったが、のちに恩赦を受け、雪嶽山《ソラクサン》中の百潭寺《ペクタンサ》に隠棲《いんせい》し写経などして、反省の意を表したことで許されている。

以後、しばらくは、軍政が続くのだが、金泳三が大統領に選出されてからは民政が始まる。このあたりから、かつての李承晩による反日教育世代が社会の上層部に進出してくるようになり、日本世代が減少してくると、対日世論ばかりでなく、韓国の北朝鮮観にも変化が表れるようになる。

金日成のついた嘘を日本人も信じた

朴政権時代には、反共法のもとで、北朝鮮を利《り》する言論などは取り締まられていたが、民政による言論の自由化とともに規制が緩《ゆる》んでくる。私も、1970年代には、入国にあたって日本の評論誌を没収された経験があるが、そうしたこともなくなった。

朝日新聞は、朴政権時代の1975年、北京の田所竹彦《たどころたけひこ》記者の署名記事で「北朝鮮みたまま」という連載を開始する。当時は、いわゆる進歩的文化人が日本の論壇を支配していたから、左翼イデオロギーに沿った連載にならざるをえなかったのだろう。第一回の見出しだけ拾ってみても、どういう趣旨の連載か、たちどころに判る。

「ぬきん出る主席の力」と謳《うた》ってから、「『速度戦』へ民力集中」「開明君主」「ととのった一色化」「役立つ国際的声望」など、とうてい日本の新聞とは思えないプロパガンダが続く。しかも内容となると、トンデモ記事としか思えない。引用するのも嫌になるくらい、歯の浮くような賛辞が続くのだが我慢しておくことにして、一つだけ紹介するにとどめよう。

「四歳までの乳幼児を預かる託児所でさえも、こどもは物心つくと金日成主席の故郷、マンギョンデ（万景台）の模型を前に、いかに主席が幼い日から革命指導者としての資質を発揮したかを教えられ、それを自分で説明できるようにしつけられている」

この記者、本当に正気だったのだろうか。乳幼児のころから洗脳される異様な思想教育に、なんの疑問も抱かなかったとすれば、新聞記者である以前に人間としても失格としか思えない。「北朝鮮みたまま」どころではない。「北朝鮮の言うまま」を、記事にしただけだろう。さすが、朝日新聞《ちょうにち》と揶揄《やゆ》される朝日《あさひ》新聞だけのことはある。

そのころ、東京大学の和田春樹《わだはるき》教授も、北朝鮮に関してトンデモ学説を発表する。なんと北朝鮮を、遊撃隊国家というふうに、まるで下手《へた》な冒険小説のタイトルのように定義してみせたのである。北朝鮮で神話化して教えられているエピソードを、なんの検証も批判もなしに、そのまま論文として流布《るふ》してしまった。

金日成が率いる抗日義勇軍は、普天堡《ポチョンボ》という寒村で、日本軍一個師団を殲滅《せんめつ》したと、北朝鮮では大々的に教育されている。つまり、金日成という指導者を神格化するための偉大な業績として、宣伝しているのである。

真相は、満州との国境に近い普天堡《ポチョンボ》の駐在所が武装集団に襲われ、現在の貨幣価値にして数億円が奪われて、双方に数十名の死者が出た、という事件である。日本時代だから警察の駐在所はあったものの、そんな寒村に一個師団もの日本軍が駐屯していなかったことは、記録からも明らかである。

当時、満州と朝鮮にまたがって金日成という武装ゲリラの頭目《とうもく》がいたことは確からしいが、のちに射殺されたとされている。戦後、ソ連軍の少佐の軍服姿で北朝鮮にやってきた金日成は、実は別人であり、ソ連軍の極東部隊に所属していたという。

この金日成の前歴は不明ながら、将来の布石としてソ連軍が養成しておいた朝鮮人部隊の一員であったことは間違いない。息子の金正日《キムジョンイル》に関しても、北の神話にあるように白頭山《ペクトゥサン》の抗日拠点とされる隠れ家で生まれたわけではなく、ソ連領で生まれたことが当時世話をしたというソ連婦人の証言で明らかになっている。

和田は、北の伝説でしかないプロパガンダを、あたかも事実であるかのように論文として広めてしまったのだから、責任は重大である。韓国では、民政が普通になると、空港でのチェックなども甘くなってくる。朝日新聞の北朝鮮礼賛記事、和田をはじめとする左翼文献などが、密《ひそ》かに韓国に持ち込まれるようになる。その結果、韓国の北朝鮮観に、とんでもない変化が表れる。

反日を掲げながら、日本の文物は大好き

韓国は、もともと儒教の影響で知識人の地位が高い。その逆に、手仕事を賤《いや》しむ社会である。技能オリンピックで韓国の技術者が優勝しても、現場には復帰しない。優勝という勲章に頼って、現場から離れて管理職としてデスクワークに収まるのが、理想と見なされるからだ。

韓国人が驚いた、日本における出来事がある。ノーベル賞を受賞した技術者の田中耕《たなかこう》一《いち》氏が、受賞後も元通り島津製作所の現場で働いていることだった。ちなみに、田中氏は、今もガン診断の機器の開発に携《たずさ》わっているという。

こうした例でも判るのだが、韓国は、伝統の知識人偏重から、知識人の予備軍ともいえる学生にも甘い社会である。現在でこそ、世界でも有数の大学進学率の国だが、もともと両班《ヤンバン》は社会の頂点に位置する支配階級だった。したがって、現在の韓国も、日本など及びもつかない学歴社会である。学生たちの間に、日本経由で左翼思想が浸透しはじめる。李承晩を追放した学生革命の伝統があり、韓国学生はデモが大好きである。

一時期、北朝鮮でも、韓国の学生デモが報道されたものである。独裁政権（？）と戦う学生たちということで、プロパガンダに利用されたのである。しかしそのうち、北の

人民の間に、ひそひそ話が漏れ聞こえてくるようになった。デモの背景に写っているソウルの街並みがやけに立派すぎる、というのである。

　韓国は、米帝の植民地で、乞食と売春婦が溢れた貧しい国という逆宣伝が嘘ではないか、と疑う人民が増えてきた。そこで、街並みの映像にはボカシを入れて放送したのだが、今度は、独裁（？）と戦っている学生の服装が北の人民より豊かそうだと、噂になりはじめた。とうとう北朝鮮当局は、韓国のデモ映像を流すことを中止するに至ったという。

　若者にとって、共産主義は、麻疹《はしか》のようなものだと言われる。つまり感染しやすいのである。しかし、いったん共産主義にかぶれても、しだいに抗体ができて治癒《ちゆ》するのだが、なかには重症化して革命家を志す者も出てくる。日本経由で、左翼関係の文献が韓国に持ち込まれるようになると、共産主義に対する免疫のない韓国の若者が罹患《りかん》して、発症するようになる。

　反日教育によって、日本時代の実相について正しい歴史を教えられていない韓国人は、国を失ったという史実をかねがね情けなく感じていた。父祖の力不足を、もどかしく感じていたところへ、抗日義勇軍なる正義の部隊を率いて、日帝に抵抗した英雄（？）がいたことを発見したつもりになる。それが、金日成である。先に述べたように、金日成の抗日義勇軍なるものは北朝鮮で捏造された神話にすぎないのだが、韓国の学生たちは、しだいにはまっていく。

韓国は反日の国として知られるが、裏を返せば、日本に弱いから虚勢を張るようなところがある。温厚な日本人は、そんなことはないが、もし日本人が、ある国を憎んでいたと仮定する。日本人なら、けたくそ悪いという感情が働くから、その国の文物をいっさい拒否するだろう。

ところが韓国人は、そうではない。反日を掲げながら、日本の文物は大好きなのである。また、日本人の言うことなら、妙に信用するところがある。あの日本人ですら、褒《ほ》めあげているのだから、きっと金日成は偉大な人物だったのだろうと、考える知識人が増えてきた。

日本から北朝鮮を礼賛する文書が流れ込み、日本語の判る学生が翻訳し、密かに回し読みされたりしたそうである。こうして、反日が過激化するのと時を同じくして、北朝鮮に憧れる人々がしだいに増えていく。デモで逮捕される学生すべてが、北朝鮮シンパというわけではないが、じわりじわりと北朝鮮派ともいうべき人間が増殖する。

民主主義というものは、下手をすると恣意放縦《しいほうじゅう》に流れやすい。北朝鮮に甘い言論も、軍政時代と異なり、しだいに増加してくる。また、李承晩時代の反日教育で育った世代が、言論界、教育界にも進出するようになる。

反日を貫いた英雄として、金日成の声望がますます高まってくる。左翼系の全教組《チョンキョジョ》という教員組織が、北朝鮮へのシンパシーを示しはじめる。やがて全教組は、主思派《チュサパ》と呼ばれるグループに乗っ取られたようなかたちになる。金日成の主体思想《チュチェササン》なるものを奉じる一派である。

また、韓国に潜入している北の工作員も、こうした傾向を見逃さない。韓国語で、他人を取り込むことを包摂《ポーソプ》というが、金大中政権下では、要人、大学教授などが北諜報員に包摂《ほうせつ》されていたことが判明して、大騒動になったこともある。

あまりに無邪気すぎた、日本の北朝鮮礼賛

やがて、こうしたトレンドは一般の韓国人にも広まっていく。

朝鮮半島は、南北に分断されているのだが、南側にいた人々は、日帝の支配のもとで抵抗することなく無為に過ごしたあげく、日本の敗戦によって、いわば他力本願で独立

した。ところが、北側の金日成たちは、自力で日帝と戦い、独立を獲得した。

こうした解釈から、韓国人の間に、北朝鮮に対する妙な負い目、引け目のような感情が発生してしまった。発展した韓国人が、核とミサイルに狂奔する最貧国である北朝鮮を、羨《うらや》む理由などないはずだが、ある主義主張に捉《とら》われると、ものごとを検証しなくなる悪い癖があの民族には特有である。

彼らは、密かに日本から持ち込まれる朝日新聞や岩波書店などの記事や書籍の感化を受け、ますます北朝鮮への傾斜を深めていく。当の朝日は、「北朝鮮みたまま」から五年後、またもや北朝鮮礼賛の連載を開始する。今度は、猪狩章《いかりあきら》特派員の署名入りで「北朝鮮これからの道」と題している。1980年ともなると、そろそろ北朝鮮が、共産主義とは名ばかりの究極の独裁国家だという事実があちこちで明かされるようになってきていたが、相も変わらず提灯《ちょうちん》記事に終始する。

私も、まだ目が醒《さ》めないのかと、あきれたものだが、どうやらそうでもないらしい。むしろ、確信犯のように、心底、北朝鮮に惚れこんでしまったにちがいない。3・1倍の食糧増産計画などを、先方の言うなりに紹介したばかりでなく、働き中毒とまで言われる日本人と較べても、北朝鮮の人々はよく働くと褒めちぎる。

なぜ、そんなに働かなければならないのか、疑問には思わないようである。もし、その通りだとすれば、その後、1990年代の「苦難の行軍」と呼ばれる飢餓状態も、発生していないはずだ。

何かのイデオロギーに取り憑《つ》かれ、目が曇ってしまった人には、何を言っても無駄なのだろう。この手のプロパガンダに引っかかる馬鹿が増殖するから、困りものだ。「べ平連」という反米組織で名を売った評論家（？）の小田実《おだまこと》も、北朝鮮が食糧自給を達成したと述べているが、それればかりではない。さらに税金がないなどと言って大絶賛するのだが、あまりにも無邪気すぎるというか、愚かすぎたと言うべきだろう。

全体主義の国だから、国家がすべてを握っている。税金がないのも当然で、はじめから税金分を天引きしているのだから、改めて徴収する必要がないだけの話だ。それどころか、金一族の贅沢に供《きょう》される資金も引かれるから、労働者は労働に見合った対価を得ていないことになる。

猪狩特派員が、よく働くと感心したのも、あの国に労働基準法などありえないから、奴隷的な労働を課《か》され、休む時間もないほど搾取されているというのが真実に近いだろう。特に負担となったのが、日に数時間も課される金日成思想の学習だったという。

また、当時の報道では、休戦ラインの北側はいかにも牧歌的で、農民が平和そうに耕作している、となっていた。対する韓国側は、軍隊が駐留して、いかにもものものしいと、伝えていたものである。

休戦ラインの南側にも、かつては農村があったのだが、農民はとっくに逃げてしまった。もし北朝鮮が攻めてきたら、まっさきに戦場になるかもしれない場所で、のんきに農業などやっていられないからだ。

北朝鮮のような独裁国家では、平和イメージを演出するため、そこで農業をやっていろと命じられれば、逃げる自由もないわけだ。こうした誤解が明るみに出たので、韓国側でも非武装地帯ぎりぎりのところで命懸けで農業をやろうという志願者が出たこともある。

韓国人が歪《ゆが》めた歴史を、日本人記者が上塗りしていく

一事が万事、北朝鮮を褒めちぎった報道が溢れ、そのまま韓国に持ち込まれるのだから、同時に反日が加速するばかりでなく、反日が歪んだかたちにフレームアップされるようになる。

1987年、忠清南道《チュンチョンナムド》の天安《チョナン》、ソウルから京釜高速で一時間ほどのところに、独立記念館《トンニプキニョムグァン》が開館した。いくつかのパビリオンに分かれているのだが、三韓《サマン》時代の展示などは民族の歴史を通じて愛国心を涵養《かんよう》するため、それなりに役に立つだろうが、近世の展示となると、ひたすら日本への憎しみを煽《あお》っているかのような奇怪なものになる。

対日ヘイト展示館といっても過言ではない。独立運動の闘士である女囚を拷問する実物大のジオラマなど、猟奇的で邪悪な性向を育てるためとしか思えない。見学には、多くの小中学生も訪れる。彼らに対する教育上の配慮など、大好きな反日という目的のためには、どうでもよいのだろう。日本統治が近代化に資《し》した面は完全に無視されて、捏造に近い段階まで誇張した日本の悪行ばかりが、これでもかこれでもかと、展示されている。

1919年（大正八年）に発生した三一運動は、展示のメインになっている。併合後、九年目の出来事だが、朝鮮全土にデモが広がった。ソウルの骨董品街として人気の仁寺《インサ》洞《ドン》の入り口にあるタプコル公園は、この運動の起点となったため、いわば聖地扱いになっている。

派出所など、日本の公的な施設が襲撃されて死者も出たため、国内の暴動として、鎮圧しなければならなくなる。日本でも、明治維新という体制変革の後、萩の乱、佐賀の乱、薩摩の乱（西南戦争）など、頻発している。べつだん韓国併合という特殊事情だけが、原因ではないだろう。

韓国側は、七千人以上の死者を出したとするが、せいぜい数百人ほどとする解釈もある。百年以上も昔の話だから、今となっては、検証する方法もない。最初、指導的な立場に立ったのは、仏教、キリスト教、天道教など、宗教関係者だった。独立運動という側面だけが強調されているものの、この暴動には、急速すぎる近代化に対する、宗教者や旧勢力の抵抗という側面もあったのだろう。

逮捕されて、十八歳で獄死してしまった柳寛順《ユグァンスン》は、韓国のジャンヌ・ダルクと言われ、聖人扱いになっている。ただ、裁判で下された判決は、懲役三年という軽いもので、そのまま確定しているから公平に裁かれたのだろう。また、韓国では、日帝の拷問で死亡したとされているが、日本側の調査では、否定されている。

この三一運動の評価も、南北で異なる。韓国では、独立のための偉業として、大いに称賛されるが、北朝鮮では失敗に終わったブルジョア革命として、低い評価しか与えられない。あまり評価しすぎると、金日成の偉業（？）が霞《かす》んでしまうという配慮が働いたのだろう。ただ、韓国での盛り上がりぶりを無視できなくなったためか、三一運動は、金日成の父親が指導したという苦し紛《まぎ》れのような解釈が出たこともあるが、その後どうなったか知らない。

いずれにしても、この独立記念館が、日本への憎悪を拡大したことは間違いない。以後、しだいに実像とかけはなれた悪逆非道、残虐無比の日本人像が、いわばヴァーチャルに形成されていく。

もちろん韓国でも、日本時代を知っている人々は、歴史の真実を判っているのだが、それを口にできない雰囲気が醸《かも》し出されていく。しかも、その世代の人々は、亡くなったり、一線から退《しりぞ》いたりして、発言する機会がなくなってくる。

反日が、憎日に転換するエポックが、1991年に訪れる。あちこちで検証されているし、私自身も何度も書いたことだから簡単にすませたいが、今なお信じている人が少なくないから、おおよそ説明しておく。

朝日新聞の植村隆《うえむらたかし》記者が、ある記事を報道する。かつて日本軍が、挺身隊《ていしんたい》の名で少女を連行し、軍隊相手の従軍慰安婦としたというのである。わずか十二歳の少女を連行して、軍隊相手に売春させたというのだから、もし事実だとしたら、韓国人が激昂するのも無理はない。

だが、この報道は、事実誤認でなければ、悪質な捏造に近いものだと判明する。戦後半世紀も経《た》たない時期だから、旧軍の体験者も存命である、旧朝鮮軍の関係者は、そんな事実は、見たことがないのはもちろん、聞いたことも読んだこともないと、証言する。もし、そんな事実があれば口うるさい韓国人が黙っているはずがない。語り継いでいるはずだ。この従軍慰安婦なる虚構は、植村記者の手で、突如として浮上してきたものなのだ。

また、植村記事と、さながら呼応したかのごとく、吉田清治《よしだせいじ》なる人物が、済州島《チェジュド》で女狩りのようなことを軍の命令で行なったと証言（？）し、これを朝日新聞は、大々的に報道してしまった。植村記事、吉田証言が繰り返し報道されると、日本の名誉は世界的に見ても、地に堕《お》ちたかたちになった。国連人権委員会・特別報告者のスリランカのクマラスワミ女史は、報道を真《ま》に受けて、日本非難の論陣を張る始末だった。

虚偽記事が垂れ流された挙句に……

植村記事の欠陥が、当時を知る人々から相次いで指摘された。明らかな事実誤認に支えられた虚偽記事なのだ。当時、学徒挺身隊という制度があった。大戦末期の日本は、成人男子のほとんどを出征させてしまったため、極端な労働力不足に陥っていた。労働力を補《おぎな》うため中学生、女学生（女子中学生）にも、動員が課された。これら未成年者が、軍需工場で働き、兵器の生産に当たったのである。

慰安婦には、しばしば従軍という言葉が冠《かん》されるが、意図的な作為である。軍隊の基地のあるところには、酒場、ばくち場、売春宿などが自然発生的にできあがる。慰安婦とは、そういう売春婦を婉曲《えんきょく》に呼んだもので、従軍記者、従軍看護婦のように制度として従軍していたわけではない。売春宿の業者に雇われていたわけで、日本軍は経営には関係していない。当時、売春は禁止されていなかったが、許可制だった。

兵士のなかには、もぐりの売春宿で性病に感染する者が少なくなかった。そこで、公認の店に限定し、軍医が診察治療に出向いた例があるが、軍から強制があったケースは一例もない。また、こうした経営者も娼婦も、多くは内地系の日本人で、朝鮮系の日本人も含まれていただけにすぎない。植村記事では、挺身隊＝慰安婦というふうに、強引に結び付け、日本軍の悪行を告発するという体裁を取ってしまった。

私自身、証言できる。私の九歳年長の姉は、今も存命で施設に入っているが、当時、近くの中島飛行機の工場へ自転車に乗って通っていくのを、私自身も見送った記憶がある。もちろん、売春をしたわけではない。学徒挺身隊として、軍用機の生産に駆り出されたのである。事は、私の姉の名誉とも関わってくる。

また、吉田清治証言のほうも、そうした事実が存在しないことがはっきり証明された。当時、日韓は併合状態にあった。韓国のハワイと呼ばれる済州島も例外ではない。当時、済州島にいた人々は、吉田証言を否定するし、さらに現地の済州新聞《チェジュシンムン》すらも、否定したほどである。吉田が、有名になりたいがために、捏造を犯し嘘の証言をしたことが明らかになった。

とうとう、朝日新聞も、慰安婦に関する報道を撤回せざるをえなくなった。かつての報道を取り消し、謝罪したのは、実に二十数年後の2014年になってからである。その間、嘘の報道を臆面《おくめん》もなく垂《た》れ流したわけだが、当時は研究が進んでいなかったなど と、ためにする言い訳に終始するばかりで、国際的に泥にまみれさせた日本の名誉を回復する努力は、いっこうにしなかった。

これが苦しい言い訳でしかないことは、私の世代には判り切っている。植村記者は私より一回り以上も年少だから、仮に間違えたとしても、上司の世代が学徒挺身隊のことを知らないはずはないから、当然チェックしていなければならなかった。どうしても、日本を貶《おとし》めるための意図的な捏造の疑いが消えない。

植村記者は、朝日を退職するのだが、有名人として左翼陣営からは重く用いられ、大学教授など要職を歴任する。いっこうに反省しないのだろう。なんと、植村記者を批判した西岡力《にしおかつとむ》氏、櫻井《さくらい》よしこ氏などを名誉棄損で訴える始末である。植村側には百人を越える弁護団がついていた、という。

ファシズムとは、束になるという意味だという。金と権力さえあれば、司法すら左右できると思っているのかもしれない。左側の人は、口を開けば言論の自由を振りかざすが、彼らの主張に反対する側には、言論の自由は与えないというのだろう。まさにファシズム。恐ろしい話だ。

幸い、植村側の主張は却下された。日本の言論の自由が守られたわけだ。多くの日本人は、あの怪物アドルフ・ヒトラーが、あたかも右翼であり、暴力で政権の座に就いたかのように錯覚しているが、事実は逆である。ヒトラー率いるナチス党は、国家社会主義（National sozialismus《ナツィオナル・ゾツィアリスムス》）という左翼思想を掲げ、人民の奉仕者（Volks Dienst《フォルクス・ディーンスト》）という甘い言葉で国民を釣り、選挙によって政権の座を得たのである。

われわれも、忍び寄るファシズムに警戒を怠ってはなるまい。あの百人の弁護団なる集団が、ナチス突撃隊（Sturmabteilung《シュトゥルムアプタイルング》）のような巨大組織に成長し、われわれの言動に掣肘《せいちゅう》を加えるようになってからでは、何もかも遅すぎるのである。

日本時代を知らない大統領たちは、みな反日

韓国は、軍事政権が続いたあと、民間政権に移行したわけだが、やがて金大中政権の誕生によって北朝鮮との関係が大きく変化する。ノーベル平和賞の受賞につながるのだが、金大中大統領は北朝鮮の首都平壌《ピョンヤン》を訪れ、金正日総書記と首脳会談を行ない、南北雪解けムードを演出する。

しかし、後に首脳会談が、よりによって敵であるはずの北朝鮮に対して莫大な資金を支払った上で実現したものと暴露され、金でノーベル賞を買ったという非難に直面する。

金大統領は朴政権時代、ＫＣＩＡ（韓国中央情報部）の手で、日本から拉致《らち》され、あやうく殺されかかった体験を持つから、大統領に当選したときから、極端な反日を掲げるのではないかと危惧されていたが、北朝鮮との融和策をそのまま反日に結びつけることはなかった。日本時代の恩師が存命だと知り、感謝するなど、どこかで日本時代を懐

かしむ想い出を、温存していたからだろう。

以後、盧武鉉《ノムヒョン》、李明博《イミョンバク》、朴槿恵《パククネ》など、日本時代を知らない大統領にバトンタッチすることによって、保革を問わず歪《ゆが》んだ反日が加速されることになる。左翼の盧が反日を掲げたのは、いわば当然としても、李が天皇陛下を侮辱する発言をし、竹島に上陸するなど、反日を露《あら》わにした後、その件を日本人記者から追及されると、私の真意が伝わらなかったなどと、訳の判らない弁解をする始末だった。

また、朴に至っては、初めから反日を標榜《ひょうぼう》するという異例ぶり。安倍総理（当時）が、わざわざ韓国語で挨拶しても無視するなど歪んだままである。韓国の歴代大統領は、就任の初めは、未来志向などと、おいしいことを口走るのだが、政権末期になってレイムダック（死に体）化すると、得意の反日に走って人気を回復しようと謀《はか》る。朴は、最初から、最後の切り札を切ってしまうという愚行を演じる。政治家である以前に、人として成熟していなかったのだろう。

朴の父親への評価も、歪んだものだった。親日派という烙印《らくいん》を押されたため、そうした世論に迎合するあまり、本来なら娘として誇るべき父親の偉業すら、否定し謝罪する始末だった。それでも朴が断罪されかけたとき、父親の偉業を知る年配者は左翼陣営に対抗して、彼女を擁護するデモを行なったものの、功を奏さなかった。

以後、現政権のほとんどの幹部が韓国でいう運動圏《ウンドンクォン》、つまり学生運動の出身者に入れ替わり、韓国が一気に左傾化していく。彼らは、北朝鮮の主体思想《チュチェササン》なるスローガンに共鳴する過激派であり、実際には、韓国を北朝鮮に売り渡す動きをしている。つまり、北のエージェントが、韓国政府の中枢部を握っているような状態になってしまったのだ。

特に、文《ムン》大統領が、外交部長官、駐日大使に、筋金入りの反日親北派を据《す》えたことで、日韓関係の将来は絶望的になっている。

第四章

韓国の国民性は幼体成熟《ネオテニー》（Neoteny）

ウーパールーパーのような子供のままの幼体成熟

日本の左翼との連携から、実際の史実に基《もと》づかない日本人観が形成されていったのだが、正確な情報を発信してこなかった日本の体制側の怠慢も、大きく影響している。

おおかたの日本人が、韓国人の長所（？）ともいうべき異様な発信能力を知らない。いちいち反論しても、追いつかないというのに、かえって相手の気持ちを忖度《そんたく》して、ことを荒立てないという最悪の対応を続けてきたことが、現在の日韓関係の悪化の一因である。

ひところは、一衣帯水《いちいたいすい》という熟語に象徴されるように、日韓の文化の近縁性が説かれ、判ったような気になる人が増えたのだが、これが良くない。私も、半世紀ほど韓国と関わってきたので、それなりに判ったつもりになったものだが、今ではあの国を理解するのが、絶望的だと感じはじめている。

言えることは、日韓は、まるで別物だと認識することである。以前の著書で、あえて宇宙人と付き合うくらいでないと、巧《うま》くいかないと書いたこともある。

日本的に忖度すればするほど、相手は、こちらの好意とは受け取らない。やましいところがあるから譲るのだと誤解して、そこを泣き所と見て、ますます居丈高《いたけだか》になるだけである。

慰安婦問題など、日本としては突っぱねるしかないのに逆の対応をしたことで、問題を難しくしてしまった。

韓国人の国民性には、生物学でいえば幼体成熟《ようたいせいじゅく》（Neoteny《ネオテニー》）のようなところがある。幼体成熟とは、文字通り幼生のまま成熟してしまう現象である。

典型的な例では、ひところペットとして人気を博《はく》したウーパールーパーがある。両生類（Amphibia）は、カエルを観察すれば、すぐ判ることだが、オタマジャクシの段階では、鰓《えら》呼吸に頼っている。ところが変態してカエルになると、鰓は消滅して肺呼吸に変わる。ウーパールーパーは、一生にわたって鰓呼吸のままなのである。同じ両生類のカエルで言えば、手足が生《は》えかけたオタマジャクシのままなのだ。しかし、それでも生殖能力も捕食能力も備わっているものの、実体は子供にすぎない。

韓国は、ハイテクなど一見すると先進国の域に達しているのだが、国際的に通用しそうもないトンデモ行動を平気でやってのけるなど、成熟しきっていない面がある。

なぜ成熟していないかというと、中国の冊封《さくほう》を受けていたため、独立国として責任を持つ歴史を経験してこなかったからだ。

在日朝鮮人の歴史家姜在彦《カンジェオン》氏の分析が面白い。日本は、史上ずっと独立はしていたが、統一されていなかった。朝鮮は、史上ずっと統一はされていたが、独立していなかったという。韓国・朝鮮は、第二次大戦の終結まで、国家として民族として、たった十三年（大韓帝国）しか独立したことがない。世界史的に見ても、稀有《けう》の歴史を送ってきたのである。

歴史上、中国は東アジア唯一の世界帝国（Ecumenical Empire《イキュメニカル・エンパイヤー》）として君臨してきた。周辺民族は、その冊封を受けて、属国のような状態に置かれていた。

ベトナムも冊封国家ではあったが、しばしば反乱を起こして、中国王朝の言うなりにはならず対抗し続けたものだ。それなのに朝鮮は東方君子の国と自称し、中国以上に儒教を重んじ、いわゆる事大《じだい》主義の国であり続けた。

一方、日本は、邪馬台国《やまたいこく》の時代には女王卑弥呼《ひみこ》が朝貢《ちょうこう》したりし、また倭《わ》の五王も南朝の冊封を受けたりしていたが、聖徳太子以後、中国の桎梏《しっこく》から離れて独自の歴史を歩んできた。

いわゆる大和朝廷が登場するわけだが、統一と呼ぶには、ほど遠い状態だった。

邪馬台国時代の三十国という国々は、マックス・ウェーバーが村落共同体国家

（Bauerngemeinwesen《バウエルンゲマインヴェーゼン》）と呼んだ小規模のもので、やや統合が進んではいたものの、それぞれの地方では、国造《くにのみやつこ》という豪族が割拠していたのである。出雲（島根県）では、国譲りの神話が伝えられている。出雲国造の一族は、支配権を大和に譲ったものの、いわば潜在主権は維持したまま現在に至っている。出雲国造の八十数代目の子孫とされる千家《せんげ》家は、今も出雲大社の大宮司を務め、島根県の主宰する国体など重要なイベントには、必ず同席する決まりになっている。

古代には、出雲王国ばかりでなく、多くの地域的な王国が存在したらしい。たとえば、雄略天皇のころ、王家の後継争いが起こった際、吉備王国の血を引く星川の皇子を支援するため、吉備の大艦隊が大阪湾へ押し寄せて、デモンストレーションを行なったこともある。また上野《かみつけ》（群馬県）の国造が、武蔵の国造の首を挿《す》げ替えたこともある。

現代風に言えば、群馬県知事が、東京都知事を罷免したようなものだ。上野の国が、それほど大きな勢力を持つ独立国だった証しである。

偽書説もあるのだが、平安時代の『先代旧事本紀《せんだいくじほんぎ》』には、国造本紀があり、各地の国造を記録している。たとえば、千葉県などは、いくつもの国に分かれていて伊甚《いじみ》の国という地名が出ているが、現在の千葉県夷隅《いすみ》郡の起源である。

各地に豪族が割拠する状態は、その後も続いていく。一所懸命という言葉に表れているが、命懸けで、一所（自分の領地）を守るという意味である。戦国時代になると、各地の大名が、それぞれの所領争いを繰り広げ、その名どおりの戦争が頻発する。当時、日本を訪れたヨーロッパの宣教師は、日本全体をヨーロッパ諸国の縮図のようなものと捉えていた。たとえば、キリシタン大名の大友宗麟を豊後王《ブンゴ・レイ》ドン・フランシスコという洗礼名で記録している。戦国大名は、おのれの領土を安堵《あんど》するため、あらゆる努力を惜しまなかった。場合によっては戦争にも訴えたが、調略《ちょうりゃく》―今でいう外交交渉で、隣国との問題を解決したりもした。

戦国時代が終わって江戸時代になっても、隣国との付き合いは大問題だった。津軽藩と南部藩のように、領土争いをするケースも少なくなかった。

また、隣国に伍《ご》していくためには、自国の領内を安定させて、殖産興業を図らなければならない。日本では、なまじ統一されていなかったため、こうした歴史的な経験が、やがて来る国際社会への参入に当たって、いわば国家経営のシミュレーションを行なっていたようなノウハウとなって蓄積されていった。だからこそ、明治維新という変革を経て、欧米にキャッチアップすることができたのである。

宗主国まかせで権力闘争に明け暮れた末路

これに対して、朝鮮半島の歴代王朝は確かに統一されてはいたものの、独立していたわけではなく、中国の王朝に隷属して朝貢を行なってきた。

しばしば、朝貢という制度が誤解される。中国王朝が周辺国に貢物を献上させて、虐《しいた》げているような印象を持たれがちだが、そうではない。周辺国が、わずかな貢物をもって臣礼《しんれい》をとれば、莫大な品物が下賜《かし》されるのである。卑弥呼の遣使にしても生口《せいこう》（奴隷）十人と布二匹《ひき》だけの粗末な貢物だが、魏《ぎ》からは銅鏡百枚をはじめ莫大な品々を下賜されている。

しばしば朝貢貿易といわれるが、実態は貿易以上のもので、今日的に言えば、経済援助なのである。その代わり、王位の継承、軍事、人事、外交など、すべての政策に中国王朝の裁可《さいか》を受けなければならない。その証拠に中国が敵対する民族、国家に朝貢を許した例はない。

高句麗《こうくり》が中国に反旗を翻《ひるがえ》した際、漢王朝は、高句麗の国名を下句麗《かくり》と変更してしまった。けしからん野蛮人の分際で、「高い」などという良い意味の文字を使うとは許しがたい、というわけだ。

言うことを聞かないと、相手の国名すら変えてしまうのだ。もしかしたら日本も、そのうち日の本などという立派な国名はけしからんといわれ、日末《にちまつ》などといった国名に変えられるかもしれない。

忠実に冊封国家に甘んじているのは、プライドの問題はともかく、それなりに居心地は悪くないからだ。中国王朝の侵攻を受けると、その時点では悲劇も生まれるが、冊封を受けさえすれば中国の優れた文物を下賜されるばかりでなく、国家として、民族として何も責任を負わなくて済んでしまうのだから、ある意味で温室のような状態が続いていくわけだ。

外交、国防は宗主国まかせだから、国内では権力闘争に専念することになる。なぜかと言えば、国内では少数派であっても、彼らが宗主国に訴え出て認められれば、宗主国が介入してくるから、いっぺんで形勢逆転してしまうからだ。そのため、反対派の芽《め》を摘んでおかなければならない。韓流歴史ドラマには、よく登場するシチュエーションである。

こうした事情は、現代も変わらない。金日成は独裁権力を確立する際、多くの政敵を殺している。金はソ連系だったが、寄り合い所帯だった北朝鮮には、かつて毛沢東の中国共産党と行動を共にした延安派《ヨナンパ》と呼ばれるグループも合流していた。金は彼らの首魁《しゅかい》とされる方虎山《パンホサン》をはじめ、多くを粛清してしまった。彼らが中国の受け皿となり、金日成に取って代わることを恐れたからだ。

金は返す刀でソ連派も葬ってしまう。自身がソ連に擁立されたことから、ソ連の気に染まない行動を取った際、ソ連が別な人物に乗り替えることを恐れたからである。こうして、北朝鮮の内部には、中ソの意のままに操れる人物は一人もいなくなったのである。

こうした権力構造は、今も変わらない。金正恩《キムジョンウン》は、叔父の張成沢《チャンソンテク》を高射機関砲でバラバラにするという残忍な方法で処刑してしまった。張が中国の改革開放政策にかぶれたことを快く思わなかったからだ。これは、中国の受け皿になりそうな幹部に対する警告でもあったのだ。

早い話が、国防は中国任せだから、国内では警察力だけですんでしまう。秀吉の役のとき、十万を超える日本軍が攻め込んだにもかかわらず、李朝の総兵力はわずか七千人ばかりで、それも多くが首都漢城《ハンソン》（今のソウル）や鴨緑江《アムノクカン》方面の中朝国境など、各地に配置されていたから、日本側に対抗するにはわずかの兵しか展開されていなかった。しかも、あっけなく釜山が占領され、大慌てで兵を募《つの》ったものの、応募してきたのは乞食や犯罪者ばかりで、わずか三百人しか集まらなかった。これでは日本側に快進撃を許したのも無理はない。

言いつけ外交、告げ口外交を裏づける精神構造

韓国・朝鮮の国民性を幼体成熟（Neoteny《ネオテニー》）と解釈すれば、国際的に通用しない奇矯とも言える行動（behavior）も理解しやすい。

子供というものは、何をしでかすか判らないのだ。モンゴル軍の侵攻のときも、李朝の王家と朝廷の人士は、無責任にも江華島《カンファド》に逃げ込んでしまった。草原の民族であるモンゴル人は、海を苦手とするから、朝廷は安泰だったが、半島本土に残された国民は、無政府状態に置かれ、次々に虐殺されてしまう。

秀吉の役でも同様で、王家は住民を捨てて、漢城《ハンソン》市街に火を付けて、北方の平壌《ピョンヤン》へ逃げてしまった。

近世になっても、トンデモ行動は変わらない。かつて閔妃《ミンビ》は、朝廷を帝政ロシア公館に移すという信じられない行動に出た。全琫準《チョンボンジュン》という儒者に率いられた東学党《トンハクタン》が、西欧文明を否定して反乱を起こした際、李朝政府は清朝に対して鎮圧を依頼した。また、重

臣たちの突き上げに遭《あ》った大韓帝国の最後の高宗皇帝は、進退を外国人の伊藤博文に相談する始末だった。

前にも簡単に触れたが、李承晩大統領は休戦協定への参加をボイコットしてしまい、禍根《かこん》を残すことになる。それなら韓国軍だけでも北朝鮮と戦う覚悟があるかといえば、そういうわけでもない。宗主国（?）アメリカに北朝鮮をやっつけてくれと、ひたすら泣きつくだけである。まるで駄々っ子のようで、とうてい一国の指導者の取るべき態度ではない。

アメリカだって、すでに韓国のために戦い、大きな損害を出している。韓国側が戦意を喪失しているのに、アメリカだけで戦い続けるつもりはない。李承晩の決定は、のちのち大きなマイナスをもたらした。

休戦会談は、中朝軍とアメリカを代表とする国連軍の間で進められるのだが、そこに韓国代表の姿はなかった。韓国はアメリカの植民地だとする北朝鮮の理屈を、わざわざ補強してやったようなものだ。その後も、北朝鮮が折に触れて韓国はずしを図るのは、韓国がこのとき当事者であることをみずから放棄してしまったからだ。

どうして、こんな信じがたいような非常識な行動を取るのだろうか。すべて、幼体成熟（Neoteny）のような国民性のせいである。

こうした性向は、現在も続いている。朴槿恵前大統領は、アメリカの要人と会談した際、米韓の間の懸案はさしおいて、終始日本の悪口しか言わなかったそうだ。アメリカの要人はさぞかし辟易《へきえき》させられたことだろう。

そのため、言いつけ外交、告げ口外交と呼ばれた。何かの問題を自分たち当事者の間で解決しようとせず、大人に言いつけるのも幼児の特性だろう。日本という外国政府を、韓国の国内法で裁くという、慰安婦、徴用工などの案件でトンデモ判決が出るのも、みな幼体成熟（Neoteny）が、しからしめるところである。

第五章

文在寅《ムンジェイン》政権の異常さ

文在寅《ムンジェイン》の両親は、北からの避難民だった

ようやく、ここにきて、多くの日本人が文在寅政権の異常さに気づきはじめた。口先では対日友好のような美辞麗句を並べるが、その実、かつてないほどの対日憎悪ともいうべき政策に固執し、ためらいなく次々に実行している。

どうして、こうなるのだろうか。それを解く鍵は、文の生い立ちから現在に至るまでの軌跡を、病跡学《びょうせきがく》（pathography《パトグラフィー》）の手法で解き明かすことにある。

文自身は韓国生まれだが、両親は北朝鮮から逃げてきた人々である。こうした人々を、韓国では失郷民《シルヤンミン》と呼んでいる。

韓国は、伝統的に地縁血縁社会《ゲマインシャフト》である。世界的な規模の大企業ですら、基本は同族経営である。過酷な歴史から、同族しか頼れない社会なのだ。それでも後継者の地位をめぐって兄弟の間で醜い争いが起こるのは、ロッテグループの跡継ぎ問題が兄弟の争いに発展したことからも、よく知られるようになった。さながら、李朝時代の歴史ドラマのようだ。

韓国内に地縁血縁を持たない北から来た人々は、多くの差別、偏見にさらされた。文の一家も、赤貧洗うような貧しい暮らしだったとされている。朝鮮戦争を逃れて、アメ

リカ船に乗せられ運ばれた先は、閑麗水道《ハルリョスド》の巨済島《コジェド》の収容所だったという。避難民のなかには、北の工作員なども混じっていたから、尋問されたようである。わずかなトウモロコシのお粥《かゆ》だけを与えられた生活は、きつかったにちがいない。

やがて文の両親は、釜山の南にある影島《ヨンド》に住みついた。現在は、釜山市街と二本の橋でつながっている島で、北側はごみごみした工場や人家が立ち並んでいるが、島の南端は太宗台《テジョンデ》という風致地区になっていて、松の木が生えた白波寄せる断崖上から、晴れた日には50キロほど離れた対馬《つしま》が遠望できる。余談だが、私は、ここから対馬を眺めたことがあるし、対馬最北端の鰐浦《わにうら》から釜山方面を見渡したこともある。ただし残念ながら気象条件が悪かったのだろう、釜山は見えなかった。

余談ついでに、1970年代、対馬で年配の漁師さんから聞いた話が面白かったので、披露するとしよう。対馬は長崎県だが、長崎市へは一度も行ったことがないという。戦前、漁師仲間大勢で漁船に乗り釜山へ渡って、映画を観て、遊廓で遊んだそうである。日本にも、併合時代を懐かしむ世代がいると知って、驚いた記憶がある。

話が、横道にそれた。文在寅の生い立ちに話を戻そう。貧しい父親は、行商で生計を立てていたようだが、動乱後の混乱期でみな貧しかったから、食うや食わずの日々が続いていた。日本時代から受け継いだ義務教育で、国民学校《クンミンハッキョ》へ通う少年文《ムン》は、成績は良かったものの、弁当にも事欠くことが多かったという。

ちなみに、国民学校とは戦時下の日本で、ナチスドイツのVolksschule《フォルクスシューレ》を直訳して採用した名称で、終戦と同時に元の小学校に戻されている。万事、日本統治の残滓《ざんし》を払拭《ふっしょく》しようと過剰に反応する韓国が、その国民学校という名称をずっと使い続けてきたのも、なんとなく不思議である。

ともあれ文少年は、国民学校のころからオンドル暖房に使う練炭を配達する仕事をし、いささかなりとも家計を助けて働いたという。重い練炭を運ぶ作業は子供には厳しいものだったにちがいない。それでも、月謝を滞納することがあったというから、本当に貧しい日々だったのだろう。後の人権派弁護士としての使命感は、このころから芽生《めば》えていたにちがいない。

小中高と、アルバイトをしながら、なんとか卒業した文は学費免除の特待生として首席で合格し、慶熙大学校《キョンヒテーハッキョ》の法科大学《ポプカテーハク》に入学する。韓国では、英語のUniversityを大学校、collegeを大学と訳している。カレッジのほうは単科大学、学部の意味である。文は、検察エリートの道を志し、法曹家としてのキャリアを歩みはじめる。貧しい人々を見るにつけ、自らの生い立ちと引き比べ、朴政権の圧政（?）を、是正しようという正義感に燃えたことであろう。

文在寅という男は、こうしてできあがった

こうして文は、運動圏《ウンドンクォン》（学生運動）に加わっていく。デモに参加した文は、官憲に逮捕され、一時は西大門《ソデムン》刑務所に収監されてしまう。最初の逮捕歴である。まもなく微罪《びざい》ということで釈放され、学業に戻る。

五年後、次の転機が訪れる。秀才の文のことだから、難関の司法試験も難なくパスする。ところが度重《たびかさ》なるデモ参加が禍《わざわ》いし、突然逮捕されてしまい、合格通知も拘置所の中で知らされる破目になる。文には、特段の違法行為はなかったようである。

しかし、朴大統領の暗殺のあと、全権を掌握した全斗煥大統領は、反体制的な人士を予防検束しはじめた。光州事件の余波が、各地に波及することを恐れたためである。ここで、心理的な転換が生じたようである。

文は権力志向の強い性格だから、検事を目指していた。しかし、逮捕歴が災いして、その道は断《た》たれたに等しい。体制に協力し、自分の夢を奪った検察への憎悪が芽生えた

にちがいない。

検事への夢を断たれた文は、弁護士として生きていくほかはない。人生、万時塞翁之《さいおうが》馬《うま》と言われるが、思いがけないチャンスが巡ってくる。人権派弁護士の盧武鉉《ノムヒョン》の事務所に入ったことから盧に目をかけてもらう。その盧が政界に進出するにともない、自らも政治を志すようになる。

盧が大統領に就任すると、文は秘書室長《ピソシルジャン》を務める。必ずしも高い地位ではないが、大統領に取り次ぐ職掌から、巨大な許認可権が発生する。李朝時代の宦官《かんがん》の内侍府長《ネーシプジャン》のような役どころである。たとえ大臣であっても、王に取り次いでもらえないことには、何も決めることができない。

そういう権力構造になっているのは、現代の韓国がいまだに李朝時代と同じような未成熟な構造を引きずっている証拠だろう。日本でも政治家の口利きが問題になることもあるが、陳情の窓口が一本化されているわけではないから、そこに巨大な権限が生じることはない。

文は、心酔していた盧武鉉の側近として、その政治を傍《かたわら》で支えてきた。文の政治姿勢は、すべて盧から学んだものである。ここで盧武鉉という戦後生まれ、日本時代を知

ご購読ありがとうございました。今後の出版企画の参考に
致したいと存じますので、ぜひご意見をお聞かせください。

書籍名

お買い求めの動機
1　書店で見て　　2　新聞広告（紙名　　　　　　　　　　）
3　書評・新刊紹介（掲載紙名　　　　　　　　　　）
4　知人・同僚のすすめ　　5　上司、先生のすすめ　　6　その他

本書の装幀（カバー），デザインなどに関するご感想
1　洒落ていた　　2　めだっていた　　3　タイトルがよい
4　まあまあ　　5　よくない　　6　その他(　　　　　　　　　　)

本書の定価についてご意見をお聞かせください
1　高い　　2　安い　　3　手ごろ　　4　その他(　　　　　　　　　　)

本書についてご意見をお聞かせください

どんな出版をご希望ですか（著者、テーマなど）

郵便はがき

料金受取人払郵便

牛込局承認

9410

差出有効期間
2021年10月31
日まで
切手はいりません

162-8790

東京都新宿区矢来町114番地
神楽坂高橋ビル5F

株式会社ビジネス社

愛読者係 行

ご住所 〒 TEL: （ ） FAX: （ ）		
フリガナ お名前	年齢	性別 男・女
ご職業	メールアドレスまたはFAX メールまたはFAXによる新刊案内をご希望の方は、ご記入下さい。	
お買い上げ日・書店名 年 月 日 市区町村 書店		

らない初の大統領の軌跡を眺めてみることも、文在寅という人物を理解する一助となるだろう。

恩師・盧武鉉に吹いた突然の追い風

盧は、貧農の生まれだから、いわばプロレタリア階級の出身である。文を引き立てたのも、育った境遇が似ていると見て、感情移入できたからだろう。商業高校を卒業したのち、一時は就職したことがあるが、司法試験を志し、日雇いの仕事などをしながら、独学で受験資格を取り難関に挑んだ。合格したのは二十九歳のときだから、遅いスタートになった。

やがて金泳三《キムヨンサム》に見出《みいだ》されて政界入りを果たすのだが、ポピュリズムの政治家として多くの幸運に恵まれていただけで、アジテーション頼みのため、さしたる成果を挙げていない。むしろ国際関係、特に対日関係では初めこそ、お決まりの未来志向などと謳《うた》ったものの、実際には露骨な反日がかえって重荷になるほどだった。ひとえに、李承晩時代の反日教育で育った弊害のせいだろう。

盧の反日路線は大衆受けしたのだが、反米路線のほうは批判する者も少なくなかった。

実際、この時期は韓国にとって一つの転換期だった。日本世代が減ってきて代わってアメリカ留学の経験のある新しい世代が台頭し、政界、財界で重きをなすようになっていた。ビジネスパーソンの間では、かつての日本語が英語に取って代わられる時期に当たっていた。盧は大学で英語教育を受けていないために、国際的な知識もなく、ただ単純に反米を叫ぶだけだったから、親米エリートの支持を得られなかったのである。

ところが、選挙運動中に一つの事件が発生する。在韓米軍の装甲車が誤って女子中学生を轢《ひ》き殺すという悲劇が起こり、一気に全国的な反米ムードが盛り上がった。この事件が、盧武鉉を当選させる大きな要因の一つになったという。

情治政治と呼ばれる韓国ならではの事情によるものだ。大卒でない盧は大統領候補としては異例だが、アメリカかぶれの部分がないため、この事件が追い風になったのである。

こうして文大統領は北朝鮮にのめり込んだ

大統領に就任してからの盧は、トンデモ外交を展開する。金大中時代までは、反日であっても、日本に対する愛憎二筋（ambivalent《アンビヴァレント》）な感情がまだしも残っていた。しかし、盧の時代になって、完全に侮日《ぶにち》、憎日《ぞうにち》に舵《かじ》を切った。日本では、東アジアの安全保障のヴィジョンは、日米韓の協力関係にあると信じられている。ところが、盧が打ち出した数々の外交政策は、こうした幻想を打ち砕くものである。

表向きには、在韓米軍の存在もあって、アメリカとの協調路線を取らざるをえない。しかし、本質的には反米だから、矛盾した政策に終始する。イラクへの韓国軍の派遣は、アメリカに従うしかなかった。こうなると、反米を真《ま》に受けた支持者からも批判されるし、野党からは大統領選挙の不正を追及され、弾劾訴追まで突きつけられる。韓国の政党は、離合集散が激しい。与党の一部も造反して、少数与党に転落する。こうなると、日本叩き以外に挽回する方法がなくなる。

大統領候補の一本化で一時は盧と協調路線を取った現代《ヒョンデ》財閥《チェボル》の鄭夢準《チョンモンジュン》は、驚くべき証言を残している。アメリカ国防長官、在韓米軍司令官との会談の席上で、なんと盧は本気で日本を米韓共通の仮想敵国と規定しようと提案したという。

現在の日米関係を判っていないどころか、もしかしたら第二次大戦当時のアメリカの日本観が今も続いているとでも錯覚していたのだろうか。戦後の日米の友好関係や、日米安保条約の存在すら知らないとすれば、これまた途方もない無知。しかも、それ以上に、そこまで日本に対する憎しみが強いのかと驚かされる。アメリカ側は、あっけにとられたという。

当時の小泉純一郎首相との関係は、靖国参拝をめぐって完全に破綻し、悪罵《あくば》を投げつけるだけに終わってしまった。さらにドイツ訪問では、そのころ話題に上った日本の安保理常任理事国入りを阻止するためか、ホルスト・ケーラー大統領（当時）、ゲアハルト・シュレーダー首相（当時）との会談において、日本の朝鮮統治をナチスの悪行同様に定義するよう、執拗《しつよう》に求め続けて完全に拒否される。

これには、ユダヤ人団体から、猛烈な抗議が殺到したという。「ナチスドイツによるホロコーストは人類史上最大で他に例を見ない反人類的な犯罪であって、これを日本の韓国統治と同一視することは、ユダヤ人虐殺の人類史的な意義を不当に貶《おとし》める、きわめて非国際的で悪辣《あくらつ》な議論」とまで決めつけられた。結局、盧の訪独は日本非難に終始するだけに終わり、誰からも支持されなかった。しかもドイツと韓国の関係には、なんら良い方向性を生まなかった。

後述するようにドイツには、伝統的な黄禍論の延長線上で、とかく反日に走りたがる人々もいるから、巧く持ちかければ反日、親韓の世論を盛り上げることもできたろうが、なんの知識も計算もなく愚かしい行動だけに終始してしまった。

憤懣《ふんまん》やるかたなかったのであろう。帰国するなり盧は、「親日反民族行為者財産調査《チニルパンミンジョクヘンウィジャチェサンチョサ》委員会《ウィウォンフェ》」なるものを立ち上げ、日本時代に日本に協力することによって得た財産の摘発という、不毛の作業に取り掛かる。

当時は、みな日本人だったのだから、協力するもしないもない。みな生きるために、働いて貯金など資産を残したわけだ。調べれば、すぐ判ることだが、朝鮮系日本人の民族資本も育っていたのである。

日本憎しの感情は、さらにエスカレートする。日本海の呼称をめぐっても、例の東海《トンヘ》という詐称に固執し、日本の領海、排他的経済水域の調査にも因縁を付ける始末。明《ミン》代の中国の地図『坤輿萬國全圖《こんよばんこくぜんず》』にも、すでに日本海と記録されている。韓国が、どう屁理屈を並べても、当時から国際的に認められた名称である。

国際法上、合法だという日本側の説明に対して、「武力行使もありうる。合法的だというが、そんな国際法に意味があるというのか！」と言ってのけて恫喝《どうかつ》に出た。韓国の国内法が国際法より優先するという、慰安婦、徴用工などの問題で浮上したトンデモ解釈は、ここに端《たん》を発する。

必ずしも四大卒が望ましいわけではないが、盧という人物は独学で司法試験に合格するのが精いっぱいで、他の知識、教養を学ぶ機会がなかったのだろう。ナチスドイツ、日米関係、歴史など、あらゆる分野で無知を露呈してしまう。

反米、反日が過激化するのと反比例するかのように、北朝鮮への思い入れが強くなっていく。もともと金大中から、いわゆる太陽政策を引き継いだかたちだから、北朝鮮を援助し、軟化を促すという程度ではない。

盧の時代になって、北朝鮮への不正送金が何度も取りざたされている。また大統領就任の直後から、北朝鮮に対してはトンデモ発言に類するコメントを発している。就任一年後の訪米では、ロスアンゼルスで、こう語っている。

「核とミサイルが外部の脅威から自国を守るための抑制手段だという北朝鮮の主張には、一理ある」と、北の主張を代弁するようなことを平気で口走っていた。また北朝鮮が日本列島越えのミサイルを発射した際も、自国への脅威ではないとし、日本の対応を馬鹿騒ぎと揶揄《やゆ》するほどだった。北朝鮮が韓国を標的とするスカッド・ミサイルの改良型を大量に配備している事実を無視しているのか、知らないのか、とうてい友好国の指導者とは思えないトンデモ発言である。結局、盧は自殺という悲劇的な最期を迎える。

韓国は、李朝時代からの旧弊を引きずっている血縁主義（nepotism《ネポティズム》）の国である。盧の兄の建平《クォンピョン》は、慶南《キョンナム》（慶尚南道《キョンサンナムド》）大統領《テトンニョン》と呼ばれまでの権勢をほしいままにした。莫大な資金の流れは、大統領にも還流していたらしく、捜査の手が大統領自身にも伸びてきた。こうした最中、盧は投身自殺を遂げたのである。

米朝会談の実現でソデにされた文在寅

文在寅に話を戻す。文は盧の側近として、すべてを目撃してきた。文は、盧の憎日路線を拡大再生産する道を選ぶ。まさに幼体成熟《ようたいせいじゅく》（Neoteny《ネオテニー》）国家の面目躍如たるものがある。

文政権そのものは、朴槿恵のあまりの失政に絶望した若い層に支えられて誕生したわけで、より以上のポピュリズムの道を走りはじめる。北朝鮮に対する太陽政策は、これまでの政権以上に融和的というより卑屈なものになっていく。

太陽政策に代わって、月光政策《ムーンシャイン・ポリシー》とも呼ばれる。文《ムン》をアルファベット表記すると、月（moon）と書くことが多い。韓国人の名前については、あれほど反米を掲げたりするものの、基本となるローマ字表記の（mun）ではなく、英語式に書くケースが多い。かつて私も英字新聞で、初めてPresident Parkという表現に出会い、首をかしげたことがある。公園《パーク》大統領とは、何者かと疑問に思ったからだが、実は朴《パク》大統領のことだった。ローマ字では、（Pak）となるはずだが、英語式のほうを好むようである。この伝で、文も月《ムーン》と表記されるのである。

それはともかく、文は北朝鮮にのめりこむ。会談が実現し、大喜びしたほどである。しかし北との蜜月状態は、文の思惑に反して長くは続かなかった。トランプ大統領が金正恩と直接に交渉に乗り出したため、韓国の存在理由が失《う》せたからである。北朝鮮は、前にも触れたごとく、休戦会談における李承晩のボイコットによって韓国を当事者と認めない方針を貫いてきた。国連軍を代表するアメリカ大統領とさしで話せるとなれば、韓国の利用価値はない。

情けないことに、文在寅は蚊帳《かや》の外に置かれる破目になる。あとで負け惜しみのように、米朝の交渉を取り持ったなどと嘘をばらまくが、米朝会談が韓国抜きで進められたことは、周知の事実である。こういう、すぐばれる嘘をつくのも幼児性の表れだろう。

韓国のなかには、たしかに北朝鮮を同じ民族として、シンパシーを示す人々が少なからず存在する。しかし年配者は動乱のときの北朝鮮軍による残虐行為を覚えているから、おいそれと融和政策には乗りにくい。

また北朝鮮側も、発展した韓国からの援助は喉から手が出るほど欲しいのだが、安易に韓国との交流を増やすわけにはいかない。発展した韓国の現状を人民が知ってしまうと、まかり間違えば体制崩壊にもつながりかねない毒薬のように作用する。

韓国側が出資した金剛山《クムガンサン》観光の末路を見れば判る。金剛山は、行くに行けない場所として韓国人の憧《あこが》れである。諺《ことわざ》にも「金剛山も食後の景だ《クムガンサン・ド・シクフ・キョン・イダ》」という。日本で言えば、「花より団子」に相当するだろうか。

しかし、断崖に金日成を称《たた》えた巨大な文字など刻まれ、景致《けいち》が台無しになっている場所もある。それでも豊かになった韓国人は、幻の金剛山へ行けるとなって大喜びしたから、参加者が多かった。

しかし北朝鮮にとっては韓国の観光客を招き入れて、外貨を獲得することは、いわば両刃《もろは》の剣《つるぎ》となる。なるべく北朝鮮の係員と韓国の観光客とを接触させまいとしていたが、どうしても接触が増えてくる。とうとう、韓国の観光客の射殺事件まで発生し、計画そのものが頓挫《とんざ》する。

そのまま続ければ、北の担当者は豊かな韓国人に接して、韓国が発展していることを知ってしまうから、外貨獲得のチャンスを捨ててでも中止するほかなかったのである。かつて金日成が人民に約束したことがある。「白いご飯と、肉のスープ」を人民に与えるという、ささやかな公約だった。韓国では当たり前のことだが、北朝鮮ではいまだに実現していない夢のような話である。

また、開城工業団地《ケソン・コンオプ・タンチ》も、文が力を入れた対北協力の一環だ。しかし、これまた失敗に終わる。この工業団地そのものは、文が発案したものではない。一代で現代《ヒョンデ》（Hyundai）財閥を築いた鄭周永《チョンジュヨン》の生まれ故郷が、今は分断され北朝鮮領になっている江原道《カンウォンド》の寒村だったため、同情から発議して始まった事業で、特にイデオロギー的な動機はなかった。鄭会長は、北支援では大量の牛の群れを南北分界線を越えて北へ贈り、ニュースになったこともある。

以後、開城工業団地は、北朝鮮の外貨獲得に貢献する。五万人からの労働者が働き、年間百億円近い外貨収入を得たというから、乏しい外貨に四苦八苦している北にとっては、慈雨のようなものだった。

しかし、北の核開発により国連の制裁が発動され閉鎖が迫ると、北は得意の瀬戸際政策で先手を打って韓国人の出入りを禁止し、団地を閉鎖する挙に出た。

投資したり、人件費を先払いしたりした企業など、韓国側は当惑した。当初の契約を盾に、設備、経費、資本などの返却を要求してみたものの、応じるような北朝鮮ではない。恐ろしく物資が欠乏している北側は、団地に残された車両、資材など没収したほどで、なんら誠意を示さなかった。

ところが文が政権に就くのと時を同じくして、開城団地が密かに稼働していることが判明した。北側が勝手に動かしたのか、文との間に密約でもあったのか、はっきりしないのだが、その後の動きを見ると、文政権が国連制裁をかいくぐってでも北に外貨を稼がせようとした意図が見えてくる。

ストックされたままになっていた開城団地の製品を韓国製として輸出するなど、制裁破りとも思われる方針を続け、北との間では正式に再開する交渉すらはじめた。韓国側からの送電も再開した。もともと開城団地の再開は、大統領選における文の公約の一つだったから、さっそく南北共同連絡事務所を設け、操業の再開に踏み切ったのである。

デタラメを絵に描《か》いたような対日政策の数々

文在寅の対日政策も支離滅裂である。就任早々から、多くのトンデモ判決が下されたのは、もちろん文の息がかかった裁判官によるもので、司法の独立などと判ったようなことを言い、責任逃れのような態度を採《と》る老獪《ろうかい》さも備えている。やっていることは、極度の憎日に類《るい》することだが、盧のように見え透《す》いた妄言《もうげん》を弄《ろう》さない狡猾《こうかつ》さも、文の真骨頂である。

慰安婦に関しては、日韓の最終合意というものがある。日本は言霊《ことだま》の国だから、いったん決めたことは守り抜くという民族性だが、韓国・朝鮮人はそうではない。何度も触れているが、史上960回も異民族の侵入を受けた歴史がある。

異民族に殺されそうになると、たとえ嘘でも、その場限りの言い逃れで生き延びてきた歴史である。前言を翻《ひるがえ》しても情勢が変わったと言えば、それで済んでしまう。

また一度決まったことでも、何度も蒸し返すことがある。日本では、何かを蒸し返すのはルール違反になるが、韓国では通用してしまう。

慰安婦合意でも、日本は「不可逆的に解決」という一文を入れて釘を刺したかたちだが、それでも蒸し返される。慰安婦だった老女たちの心の傷は癒《い》えていないなどとして、あらためて謝罪や補償を求めたりする。いったん決まったことでも平気で蒸し返すのは、幼児性の表れである。幼体成熟《ネオテニー》国家の面目躍如たるものがある。これでは大人の世界では通用しない。

慰安婦判決と同様に、対日ヘイトを剥き出しにした判決に、いわゆる徴用工という問題がある。徴用工とは昭和十九年、国家総動員令が朝鮮半島にも適用され、戦時徴用として働くことになった人々を指《さ》すものだが、多くの捏造と誤解と混用が事態を難しくしている。

繰り返しになるが、日韓は併合していたのだから、戦争末期になって国民に動員令を下したのも国家としては当然だ。しかも内地では昭和十八年からだったが、朝鮮では十九年になってから発令されているから、内地系日本人より配慮されていたことになる。ところが、現在の韓国で問題にされている人々は戦時徴用ではなく、日本企業で働いた人々すべてが混同されている。みな日本人だったわけだから、月給を貰って働いていたにすぎない。

有名になってしまった端島《はしま》（いわゆる軍艦島）は炭鉱の島だったが、最盛時には数千人が家族ぐるみで居住して働いていたわけで、その中には半島系日本人も含まれていた。島には学校や映画館や運動場もあった。韓国で反日のため歪曲《わいきょく》された揚げ句、映画にもなった地獄島とはほど遠い施設だった。もちろん当時は、きちんと月給も支払われていたのだから、労働者は募集に応じてきた人々であり、徴用ではない。

いわゆる戦時徴用は、朝鮮では先に述べたように昭和19年以降だから、対象となる人々は多くはない。今回、日本相手に訴訟を起こした韓国人の遺族の多くは、それ以前に日本企業で働いた人々が多く、信用が置けない。みな日本人だったのだから、日本企業で働く朝鮮系日本人も大多数だったのだ。つまりこれも挺身隊と慰安婦を故意に混同させたような作為の産物なのである。

徴用に関して、しばしば強制連行という表現が使われることがある。これは戦後まもなく朝鮮総連系の評論家の朴慶植《パクキョンシク》が、日本を貶めるため造語したものだと判っている。多くの朝鮮人が内地にいたし、現在もいるわけだが、日韓は併合していたのだから、国内の移動でしかなかった。みな、本土のほうが稼げるという本人の自由意思でやって来た人々、およびその子孫である。

徴用工に関しても、やはりトンデモ判決が下されている。2016年のことだから、文在寅が大統領に就任する一年前、朴槿恵政権の末期に当たる。三菱重工に対して、一人当たり九百万ウォン（約90万円）という賠償を命じている。

語るに落ちるのは、その後である。トンデモ判決の論功行賞ということだろう、当時の裁判長崔起祥《チェキサン》は文の与党「共に民主党」から出馬して、みごと当選を果たす。反日でなんらかの功績を上げると、報《むく》われる社会なのである。ある一国を誹謗《ひぼう》しさえすれば、高い地位を得られる国が異常でないわけがない。

文政権には、政治的な方向性などない

文在寅は慰安婦にしろ、徴用工にしろ、このような異常な判決を当初は是認していたのである。慰安婦に関しては、解決されていないとまで極言している。また、日本の抗議に対しては、司法の判断を尊重するなどと、逃げてしまっている。

そもそも韓国の国内法で、日本という外国政府を裁くという乱暴なことが許されるわけがない。国際法では、「主権免除」という原則があり、外国政府を断罪することはできない。韓国のメディアですら韓国には「国民情緒法」があると、揶揄《やゆ》する始末である。

文在寅はかつて恩師盧武鉉を断罪し、彼自身の前途を潰した検察を憎んでいる。そのため法務大臣には腹心を任命し、裁判官には息のかかった人間を登用し、検察潰しを図った。

ところが意に反して、法務部長官《ポムムブチャングァン》の曺国《チョグク》は自身と身内のスキャンダルにまみれて、辞

2017年、ソウルの中心部に設置された徴用工像。

任に追いやられ、後を継いだ秋美愛《チュミエ》も同様に辞任するに至った。検察への私怨を晴らすため、司法を握っておくことが目標となってしまい、国家も国民もどこかへ消しとんでしまったかのようだ。ひところは法務長官の秋美愛と、罷免されかけた検事総長の尹錫《ユンソギ》悦《ヨル》の私闘のようになってしまったのだ。

この人物の名前だが、読み方が二通りある。ここでは正しくユンソギョルとしておいたが、本人は幼いころからユンソンニョルと称していたという。これは、漢字を知らないことから起こった誤りだろう。

問題は、ハングル表記だから悦を列あるいは烈と勘違いしたためにちがいない。悦、列、烈など、それだけ独立したかたちでは同じヨルという発音になるが、前の錫とつながると、発音が変わってしまう。錫烈なら、たしかにソンニョルとなる。余計なことを書いてしまったが、私が韓国語が読めないと誤解される恐れがあるので、断っておいたのである。

話が先走るが、この尹錫悦《ユンソギョル》は大統領選挙の保守側の有力候補と目《もく》され、以前の世論調査では現政権側の候補には及ばなかったものの、最近は優勢に変わっている。どちらが当選しても、日本が有効な手を打たないかぎり、反日、憎日は変わりそうもないが、保革逆転が成れば、韓国を北朝鮮に売り渡す動きだけは止めることができるだろう。

文は、すべての国民の大統領となると、高らかに宣言して就任した。しかし、その政治方針には左翼、反体制といった特徴はあるものの、なんらかの政治的な方向性が見出せない。しいて言えば、韓国版の自虐史観とも言うべきスタンスしか残らない。

資本主義は好きでないから、大企業を嫌い、中小企業をベンチャー企業として扱い、ベンチャー企業省を設けるなどして、中小企業の大企業への不利な納品条件を改善するとして人気取りを謀《はか》るが、巧《うま》くいかない。

日本では独自の歴史を持ち、何か特化した技術を有する中小企業が多いが、権威主義的な韓国では大財閥の下請けに甘んじて健全な中小企業が成り立たない風土である。根拠もなしに優遇したからといって、中小企業が育つわけではない。

文は、もともと弁護士だから法律には詳しいのだが、政治、経済、外交では素人《しろうと》ぶりを露呈することになる。文だけを責めるわけにもいくまい。この国では、歴代王朝が国際政治、外交、国防など、すべてを宗主国任せにして国内政治の暗闘だけに腐心してきたから、その後遺症というべきだろう。

ベトナム戦争の参加者の犠牲の上に、韓国の繁栄が築かれたとして、ベトナム政府から抗議を受けたりする。大嫌いなはずの全斗煥が関わったベトナム戦争を評価する支離滅裂ぶりである。

この件では就任の翌年、ベトナムを訪問した際に韓国の参戦と住民虐殺に関して、謝るのが苦手な韓国人らしくもなく、あっさり謝罪している。

かつての慰安婦を問題にするなら、韓国兵がベトナム女性をレイプして、ライダイハンと呼ばれる混血児を生ませた事実も問題にしなければならないはずだが、そこまでは踏み込まない。

また、済州島を訪れた際も、李承晩時代の大虐殺を謝罪している。光州事件でも、同様に謝罪している。一見、良心的なように映るが、かつての政権を断罪する底意《そこい》が見えみえで、自分を人道的な政治家であると演出しているだけにすぎない。

ポピュリズムにすぎない現政権

南北首脳会談が実現して、卑屈なまでに欣喜雀躍《きんきじゃくやく》したことは、まだ記憶に新しい。文の四年に及ぶ治世を総括してみると、人気取りのようなことに終始し、さしたる成果を挙げていないことが判る。支持率拡大に寄与したコロナ封じ込めの成功も、文の功績というより、官僚や保健機関の活躍によるものだろう。
文は、日本の安倍首相とも、正面きっては対立しなかった。懸案がたくさんあるにもかかわらず、表面上は儀礼的な付き合いを保ったのだ。しかも、やっていることは反日を煽るだけで、いっこうに誠意を示さない。多くの外国首脳と会ったものの、ほとんど目ぼしい成果は上げられなかった。

結局、文在寅という人物はポピュリズム以外に、なんら持ち味のない政治家ということなのだろう。特に経済音痴は、救い難い域に達している。たとえば人気取りのため、最低賃金を遥かに引き上げた結果、雇い止めが発生し、かえって倒産や失業者が増える始末だった。

また大企業を敵視しているが、韓国の経済構造が判っていない。韓国の財閥企業は、コングロマリット化している。三星《サムソン》グループだけで、韓国のGDPの実に14パーセントを稼ぎ出している。給与水準の格差も、他の企業とは雲泥《うんでい》の差がある。韓国の貿易依存度は日本より遥かに高く、その多くを十大財閥とも言われる大企業に負っている。たしかに韓国経済は大きくなったものの、外国人の機関投資家が多く、配当などが国内に還元されていない。

左翼の文は大企業を目の敵《かたき》にしているため、さらにトンデモ政策を打ち出した。いわゆる重大災害法といわれる法律を成立させてしまった。重大事故によって死者が出たようなケースで当該企業に厳罰を科《か》すという法律だ。ただし、企業側の対応に瑕疵《かし》があったかどうか、検証する方法が曖昧《あいまい》なままになっている上、厳罰の対象を現場の責任者でなく、事業主とした点など、企業には致命傷になりかねない。

文は人道的な法律であることを強調するが、大企業＝悪という前提に立っている。この法律と最低賃金法で、すでに廃業、倒産が増加している。文の大企業を痛めつける政策によって、日本をはじめとする外国企業の撤退や、当の韓国企業ですら海外へ逃避する動きが出始めているという。経済面だけで見ても、文の韓国の前途は安泰ではない。

はたして、どこまで文の指示が働いているか不明なのだが、韓国経済に暗雲を垂れ込めさせる一つの判決が下された。朴槿恵政権時代の贈賄容疑によって、三星《サムソン》グループの李在鎔《イジェヨン》副会長が懲役二年半の判決を受け、収監されることになった。三星グループでは昨年十月に李健熙《イゴンヒ》会長が死去しているから、この李在鎔副会長が事実上のトップになっている。

前会長も資金疑惑で立件され、辞任した時期があるが、今回、執行猶予がつかなかったことは想定外だったという。三星グループ内に衝撃が走った。

前にも触れたが、韓国企業は同族経営が多く、三星グループも例外ではない。日本の指導者は能力というより、人望のあるまとめ役のような人材ですむケースが多いが、韓国では政界ばかりでなく、財界でもトップの比重が大きい。はたして獄中経営という前例のない企業ガヴァナンスが可能なのかどうか、危《あや》ぶむ経済人も多い。

結局、文在寅という人物は政治音痴、経済音痴、外交音痴で、李朝時代の両班《ヤンバン》のように権力維持に汲々《きゅうきゅう》とする古いタイプの政治家ということに尽きるのだろう。政界、法曹界など、自分に有利な人物を配置することに熱心で、現在は「文在寅大統領記録館《ムンジェインテトンニョンキロククワン》」なる施設の建設に、真剣に取り組んでいる。

退任後のことも視野に入れて、「高位公職者犯罪捜査処《コーイコンチクチャポムチェスサソ》」なる機関を創設した。要人の犯罪摘発に精を出しているポーズを示したものだが、高位の公人には一般の裁判所はもとより、大法院《テポブウォン》（最高裁判所）の司法判断も及ばないように策したものである。退任後、訴追されないための防御策を講じたわけだ。

もともと野党時代から左翼的、反体制的、反日的な姿勢の人である。しかし、自分が権力を握ったとなると、反体制だけではすまなくなる。姿勢ではなく、政策が必要だが、それが欠けている。たとえば、エネルギー政策においても完全に破綻《はたん》しているが、それ以前にまったく実情が呑みこめていない。

自国の原発技術を北に進呈してしまう愚かさ

韓国も日本同様に無資源国である。したがって、なんらかのエネルギー・ソースに頼らなければならない。過日、朴正煕大統領の先見の明で稼働した古里《コリ》原発の一号機が稼働年数を終えて、廃炉されることが決まり、文は改めて原発廃止を訴えた。また、石炭火力にも反対で、しかも脱炭素を謳《うた》っているから、石油火力にも反対である。

人気取りのため再生可能エネルギーには熱心なものの、韓国のような工業国ですべて再エネで賄うことは難しい。世界一の原発技術国である日本が津波という奇禍《きか》に遭って、原子力から手を引かざるをえない窮地に陥っているとき、韓国は原発機器のサプライヤーとして急浮上しているのである。

大震災以前、日本の日本製鋼は全世界の原発の圧力容器において80パーセントという圧倒的なシェアを誇っていた。ＪＳＷ（旧日本製鋼所）には、戦前から日本刀の鍛造《たんぞう》部門があった。その伝統技術を機械化して応用した室蘭製鋼所の2万トンプレス機の威力は、他の企業の追随を許さないものである。

あの反日、憎日の文である。日本から原発機器のシェアを奪えるチャンスが巡ってきたわけだから、頭の回る人なら機会を逃さず利用するだろう。もし脱炭素を目指すなら、原子力が不可欠だからである。韓国の斗山《トゥサン》重工業は、日仏コンソーシアムを蹴落としてUAE（アラブ首長国連邦）の原発建設を受注することに成功するなど、かなりの技術力を持っているのだが、文政権は、それを捨て去るという。エネルギー政策においても、支離滅裂ぶりを発揮してしまう。

韓国は、大気汚染に苦しむ国である。日本よりも中国に近いため、汚染物質が飛来するからである。日本で言うPM2・5を韓国語では、微細《ミセ》チリ《モンジ》と呼ぶのだが、中国から飛来する量が多いから、せめて韓国の排出分は日本以上に抑えなければならない。そのための原発のはずなのに、廃絶するという。

ところがここにきて、原発がらみで、とんでもないスキャンダルが発覚した。金正恩との会談で、なんと北朝鮮に対して原発建設を行なうという密約を結んだとする疑惑が明るみに出てしまった。常識では考えられない利敵行為である。

1994年、日米韓と北朝鮮の間でKEDO（朝鮮半島エネルギー開発機構）という組織が発足した。北朝鮮が核兵器の開発を断念する身代わりとして、三国が共同して北に百万キロワット級の軽水炉を建設してやるという計画である。

北朝鮮にも原子炉があることはあるが、原発はない。わずか五千キロワットという実験炉があり、このGCR（ガス冷却炉）は、いわゆるコールダーホール型というもので、プルトニウムの抽出に適している。

先進国の原発の数百分の一という小さな実験炉でも、そこからプルトニウムを抽出して核兵器が作れるのだから恐ろしい話である。

そこで三国は、プルトニウムを抽出できない商業用軽水炉を建設してやる替わりに、核兵器をあきらめさせるという計画を進めようとしたのである。

しかし北朝鮮は、核兵器をあきらめる気などない。軽水炉の建設が進みはじめたとき、難癖をつけて計画をぶち壊してしまった。現場に残された韓国製の重機など、資材はすべて押収されてしまった。まさに海賊のような所業である。

アメリカは百万トン近い重油を騙《だま》しとられるし、日本も応分以上の協力をしたが、すべて徒労に終わった。しかしKEDOは、北の核開発を思い留まらせるための計画だった。

今とは、まったく事情が異なる。北がプルトニウム型（いわゆる長崎型）ばかりでなく、ウラン型（いわゆる広島型）の核兵器まで開発してしまった現在、北に原発を与えることは、さらなる核・ミサイル開発を助長するようなもので、明らかな国連決議違反になる。

劣悪な電力事情に喘《あえ》ぐ北朝鮮にとって百万キロワット級の原発は、何よりの救いの神になるだろう。文大統領は、日本、フランスに次ぐ韓国の原発技術を、自国では廃絶してしまい、そっくり熨斗《のし》を付けて北朝鮮に進呈したいわけだ。

北朝鮮に媚《こ》びても徒労に終わるだけ

文は、反対しているはずの原発を愛する北朝鮮のために役立てようとしている。これが、国連の制裁決議に違反することはもちろん、利敵行為でなくて何であろうか。この男の政治姿勢には、首尾一貫した筋道が見えてこない。場当たりのご都合主義であるばかりでなく、まったくモラルを欠いている。

例の慰安婦、徴用工というトンデモ判決が確定すると、文は妙な感想を漏《も》らす。慰安婦に関しては「正直、困惑している」。徴用工に関しては、「（日本資産の）現金化は、望ましくない」というコメント。これには韓国のマスコミも、これまでの反日はいったい何だったのか、恥ずかしい限りだと呆れ気味だった。

マッチポンプという言葉がある。マッチで火を点《つ》けておいて、ポンプの水で火消しをする。まさに、この比喩どおりのいい加減さである。慰安婦合意は、オバマ政権時代に副大統領だったバイデン氏が仲介して取りまとめたものであるから、合意破りを苦々《にがにが》しく思っていたらしい。そのバイデン氏が大統領になったのだから、文が信用の置けない人間だということは、よく判っている。日米双方に対して、わざわざ信用を失う行動を取ったことになる。

対北朝鮮となると、方針も何もない。ただひたすら卑屈に哀願するに等しい姿勢に終始する。まるで悪女の深情けのようですらある。北は、韓国を当事者と考えていない。それにもかかわらず必死にすり寄るのだから、もし男女の間ならストーカーに等しい。

アメリカでも、叩頭外交《カウタウ・ディプロマシー》(Kowtow Diplomacy)という批判が起こった。叩頭《カウタウ》(Kowtow)とは、もともと中国語からの外来語で、皇帝の前で土下座して、叩頭《こうとう》——頭を床にぶつけるようにして拝礼することを言う。そこまで卑屈になってでも、北朝鮮の意を迎えたいのかと、あきれる人が多かった。

しかも金正恩を東京に招待して、東京オリンピックを第二の平昌《ピョンチャン》にと、側近に言わせはじめた。(韓国の平昌冬期オリンピックは2018年に開かれた)他人のフンドシというが、自分勝手な言い分である。日本政府には、何の根回しもない。幼児性丸出しだろう。

北朝鮮に対する軍事的な姿勢は、めちゃめちゃになる。なんと非武装地帯に近い空域の飛行を禁止してしまった。北はときどき戦闘機を南下させて、韓国領ぎりぎりの所まで接近させる。烏山《オサン》基地のレーダーが捕捉すると、ただちに米軍機か韓国機がスクランブル発進する。北の戦闘機は引き返し不能地点《ポイント・オブ・ノーリターン》で、ようやく旋回して退去する。一触即発という状態だが、こういうことが繰り返されている。韓国側が、この空域の飛行を禁止することは北におもねったからだが、危険きわまりない愚行である。

また、北朝鮮にコロナがないという主張を否定した康京和《カンギョンファ》外相を北の抗議に遭って更迭するなど、北におもねる姿勢は枚挙にいとまがないほどである。康外相は、もともと留学経験のあるキャスターだったが、金大中大統領に見出されてクリントン大統領などとの会談の通訳に起用されたことから政界入りした。文にとっては康は根っからの左翼ではないから、北の意向に添って切り捨てたわけだろう。

しかもイデオロギー色のない康の代わりに、とんでもない人物を外相に据える。新たに外交部長官に起用された鄭義溶《チョンウィヨン》は、かつて亡命してきた北朝鮮人を取り調べることなく北へ送還したことがある。送還された二人が、北でどういう運命を辿《たど》るか、想像に難くない。おそらく処刑されたにちがいない。北に秋波を送り続けるだけで、人道などひとかけらも考えない人物なのだろう。

鄭は就任早々、国会において「(北の)金委員長は、韓半島および国際情勢を熟知しているから、今も非核化の意思を持っている」と主張している。文大統領も、ただちに同意を表明している。おそらく東アジアで、本気で北が核を放棄すると考えるのは、この二人しかいないだろう。こんな人間を相手に日本は外交を展開しなければならないのだから、気が重い話だ。

また北朝鮮への宣伝ビラの配布を禁止する法律を施行し、違反者を逮捕するまで、北朝鮮の意を迎える方針を貫いている。しかも北朝鮮に対して、これほど秋波を送り続けても、まったくの徒労に終わる。いったい韓国人が好きな自尊心《チャジョンシム》は、どこへ行ってしまったのだろうか。

北朝鮮が韓国はずしをさらに強化している証拠は、最近の立法にも表れている。中朝国境を封鎖してみたものの、韓国の書籍、ＤＶＤなどが、密かに持ちこまれている。韓国文化の流入は、北朝鮮にとって致命的な毒薬のようなもので、体制崩壊を促しかねない。北はつい最近、反動《パンドン》思想《ササン》文化《ムナ》排撃法《ペギョクポプ》を制定し、韓国のＤＶＤなどを所持していただけで死刑を含む厳罰が下されるという。

　文の北朝鮮への思い入れは、まったく無視されている。つい最近のことだが、北朝鮮は、開城工業団地にある南北協力のシンボルのような連絡事務所を爆破してみせた。それでも目を覚《さ》まさないのだから、文在寅という人が通常の判断力にも欠けるということの証左なのだろう。

　このところ文在寅の日本に対する態度に、ある変化が表れている。日本に向けて、あらためて秋波を送りはじめたようにも見える。三月一日の三一運動《サミルウンドン》の記念日の演説では、日本非難を手控え、日本との対話を呼び掛けたりしている。

　軟化したようにも見える。日本に対して手を差し出したとする分析もあるが、あの民族を知らなすぎる。北朝鮮も、よく使う手である。こちらからは手を差しのべたのだが、相手が誠意を見せなかったとして何かの難癖を付けて、相手側に非《ひ》があると言い立てて、弾劾したり、交渉を打ち切ったりする。そうすれば、彼らの面子《メンツ》が立つというわけだろうが、何も進展しない。

文の深層心理を病跡学《びょうせきがく》（pathography《パトグラフィー》）で分析してみると、故郷喪失者（Diaspora《ディアスポラ》）として、彼ら一家を阻害した韓国社会への憎悪と、まだ見ぬ幻の故郷である北朝鮮への憧憬《どうけい》が見てとれる。彼らを悲運に追い込んだ元凶が、文の心中では日本なのである。

この人物が、大韓民国を破滅の方向へ導いている。

第六章

第三の反日国家ドイツ

戦後ドイツは、ナチスをいかに「処理」したのか？

1970年代は、大阪万博によって戦後の高度成長が一段落して公害問題などが浮上してきた転換期だった。万博のスローガン「人類の進歩と調和」は、まさにその転換点を示すものだった。それまで戦後復興に邁進《まいしん》してきた日本人は自分自身、ひいては日本人、日本民族を、見つめなおす余裕などなかったものの、ここに至ってみずからのアイデンティティーがにわかに気になり始めた。

日本人とは、何者なのか？　どこから来て、どこへ行こうとしているのか？

こうした命題を問い直す試みが始まったのである。日本人とは、どこから来たのか。過去へ投影することから、邪馬台国に象徴される古代史ブームが起こった。また、日本人は、どこへ行くのかという問いを未来へ投影することで、未来論のブームが起こった。社会学者坂本二郎、SF作家小松左京は、日本未来学会を創設した。

現代の日本人をどう位置付け、どう分析したらよいか。日本人には方法論が持てなかった。そこで外国人の目を借りることになった。根は古代史ブーム、未来論ブームと同じだが、日本人の現在を考えるとき、外国人の日本人論ブームが起こった。

私《わたくし》ごとになるが、そのころ比較文化論的な疑似イベントSFを手掛けていた私も参考文献として、外国人の手になる日本人論を片っ端から読みまくった。拙著『小説・引掻文化論入門』（集英社）は、その成果の一つである。言うまでもなく、比較文化論のパロディである。

隣国である韓国人の手になる日本人論も楽しめるものが少なくなかった。

二つばかり例を挙げれば、李御寧《イオリョン》氏『「縮み」志向の日本人』（講談社学術文庫）、金《キム》容雲《ヨンウン》『韓国人と日本人』（サイマル出版会）がある。

李氏の本は、日本でもベストセラーになった。扇子《せんす》は日本人の発明だそうだが、大きくてかさばる団扇《うちわ》を縮ませたものだ。この伝で箱庭、盆栽などから、トランジスタラジオまで、日本人の縮み志向を、分析してみせた。強引なところもないではなかったが、面白い指摘で楽しめた。

また、金氏の著書は、当時の日本でベストセラーとなった土居健郎《どいたけお》氏の『「甘え」の構造』を踏まえたもので、韓国人の甘えの構造は日本人顔負けの域に達していると例証している。

この本を読んだとき、私は目から鱗《うろこ》が落ちた思いだった。日本人の甘えは、同じ日本人同士という均質的（homogeneous《ホモジーニアス》）な社会に支えられているのだが、韓国人の場合は相手構わずの甘えだという。

私自身、思い当たることがある。たいして親しくもない相手から、「この次、韓国へ来るときは、望遠レンズを買って来てくれ」と頼まれたことがある。ちょっと親しくなると、予想外な要求が突きつけられたりする。

最近では、ある韓国要人の安倍首相批判が興味深かった。韓国の国民感情を理解しないとして、激しく非難している。これも甘えの構造なのだろう。

日本国の首相は日本国民の感情を理解するべきだが、外国の国民感情に従う必要など、これっぽっちもない。この人は、甘えでなければ、いまだに日韓併合が続いているとでも錯覚しているのだろう。日本国の首相は韓国の首相ではないという厳粛な事実さえ理解しない韓国人が存在するわけだ。

このころ、健筆を振るった一人に南ドイツ新聞の主筆ゲプハルト・ヒルシャーがいる。日独比較文化論で鋭い分析を示して人気を集めたのだが、しだいに反日オピニオン・リーダーとして頭角を現すようになる。

第二次大戦後、西ドイツ（当時）は、個人補償という形で戦後処理を行なった。すべてヒトラー、ナチスの責任として、処理することに成功した。しかし国民こぞって民主的な手続きでヒトラーという怪物（Ungeheuer《ウンゲホイアー》）を選んでしまった国家責任は、うやむやになってしまった。そのころ日本では、「一億総懺悔《いちおくそうざんげ》」という言葉で知られるように国家補償という戦後処理が進められていた。

一方、ドイツでは国家補償を回避したため、大量虐殺に関わったSS（Schutzstaffel《シュッツシュタッフェル》、親衛隊）やSA（Sturmabteilung《シュトルムアプタイルンク》、突撃隊）のほとんどが免罪となって、一般市民に溶け込んでしまった。武装SSという親衛隊からなるDas Reich《ダス・ライヒ》師団は、フランス撤退に際して、パルチザンの嫌疑をかけて住民を無差別に電柱に絞首して見せしめにしたという。

こうした師団単位の残虐行為がほとんど不問に付されてしまったのだから、酷《ひど》い話である。

たしかにニュルンベルク裁判によってナチスの幹部、指揮官クラスは断罪されたのだが、部下の多くは命令に従っただけということで罪を免《のが》れてしまった。

ナチスの蛮行は、有名なアウシュビッツばかりでなく、多くの収容所が設けられ、ユダヤ人問題の最終的解決（Endlösung der Judenfrage《エントレーズング・デア・ユーデンフラーゲ》）という名称で、ガス室による大量処刑が進められたのである。アウシュビッツの悪魔医師と恐れられたヨーゼフ・メンゲレなどは、生体解剖をはじめ、あらゆる非人道的な犯罪を犯したのち、南米へ逃亡している。収容所の男女の看守たちはアーリア人の優越主義から、進んでユダヤ人を惨殺したのである。

しかもドイツの一般民衆は収容所で何が行なわれていたか、知らされていなかった。アウシュビッツを解放した連合軍が、近隣の住民を強制的に収容所に集めて、彼らの同胞の犯した凶悪犯罪を知らしめたことで、多くのドイツ人が初めて知ったという。

統括責任者のヒムラーが、迷信のような過去のアーリア伝説を探したことは有名である。たとえば、ヒムラーがキリスト処刑に使われたとされるロンギヌスの槍《やり》を探し求めたエピソードがある。この槍を手に入れた者は世界を支配すると、伝わっていたからである。

また、ヒムラー自身は良き家庭人として、妻や子供たちを愛することで定評があったという。こうした人物が狂気のような大虐殺を主導したのは、人間の業《ごう》のようなものを感じさせる。

彼らドイツ人の多くが虐殺を行なったのは、ドイツ人だけではない、日本人も同様だったということにしてしまいたいのである。

はたしてドイツは、「見習う」べき国家なのか？

ドイツ側の動きに呼応するかのごとく、進歩的文化人として高名な坂本義和《さかもとよしかず》東大教授は、「西ドイツ（当時）を見習え論」を展開して人気を集める。一見すると、個人補償を行なったドイツが良心的、人道的に見えるだろうが、そこにドイツ人の狡猾な計算が働いていた。個人補償を請求しようにも、六百万人ともいわれるユダヤ人の大虐殺では、一家皆殺しという例が多くを占めていたから、請求する係累《けいるい》が生き残っていないケースがほとんどだった。

またナチスは、ロシア人、ポーランド人など、スラブ民族を劣等民族扱いして殺したばかりでなく、自国民でも身体障碍者、同性愛者などを大量に惨殺している。さらに、五十万人が虐殺されたというロマ（ジプシー）の被害も見逃せない。

これと比べると、日本人は日韓併合によって朝鮮半島の近代化に貢献した。朝鮮人を皆殺しにしようなどと考えた日本人は、一人もいなかったと断言できる。それどころか、内地人と朝鮮人との結婚も奨励されていた。同化政策と言ってしまえば、それまでの話だが、少なくとも朝鮮を植民地とは思っていなかったことの証《あかし》にはなる。

それにもかかわらず日本人は、「一億総懺悔」で必要以上に責任を感じ、莫大な国家補償を行なう道を選んだのである。

坂本義和は若いころ、戦後日本の国際社会への復帰に関して全面講和論を唱えて、評論家として名を挙げた。政府が進める方針を単独講和として非難して、大いに人気を博した。

言葉だけ聞けば、すべての国と国交を回復するかのように見えるから、全面講和が望ましいことが判る。だが実際には、ソ連、中国など一部の国を除くほとんどの国々と講和が成ったのだから、単独講和と呼ぶのは当たらない。アジテーターとして、たいへん才能のある人だったらしい。

東大では、自民党の大物政治家となる加藤紘一《かとうこういち》を教えたことでも、よく知られている。加藤の自民党らしくない、リベラルを通り越した左翼的な政治姿勢は恩師の坂本に負うところが多かったようだ。

坂本の「西ドイツを見習え論」は韓国にも伝播《でんぱ》して、今なおドイツ人は反省したが、日本人は反省しないという、虚偽に満ちたプロパガンダに悪用されている。坂本の責任は、重いと言わざるをえない。

坂本の「西ドイツを見習え論」には、西尾幹二《にしおかんじ》をはじめ多くの識者から反論が寄せられた。六百万人のユダヤ人を民族滅尽(genocide《ジェノサイド》)という大虐殺(holocaust《ホロコースト》)に追いやったナチスの悪行は、日本とは比較にならない。

軍隊相手の娼館があったという事実が朝日新聞の努力によって、いわゆる従軍慰安婦なる疑似イベントに仕立て上げられた経緯は、先に説明したごとく多くの人々によって検証されている。

日本の場合、いわば冤罪だが、ドイツは人類史上、空前絶後の蛮行をやってのけたことになる。そもそも、はじめから比較にならない。

ドイツは、歴史的に人種差別を標榜《ひょうぼう》してきた前科がある。プロシア国王を兼ねたドイツ皇帝カイザー・ヴィルヘルム二世は、第一次大戦の敗北まで三十年の長きにわたってドイツ帝国に君臨し、いわゆる黄禍論(Gelbe《ゲルベ》 Gefahr《ゲファール》[独] Yellow Peril[英])の最初の提唱者である。

黄禍とは読んで字のごとく、黄色人種が禍《わざわ》いをもたらすとする説である。ヨーロッパの歴史は、コーカソイド(白色人種)によって動かされてきたわけなので歴史の折々に、モンゴロイド(黄色人種)も登場する。古代のフン族は、ローマ帝国を脅《おびや》かしたアッチラ大王で有名だが、中世にもモンゴル人の侵入があり、ポーランドのリーグニッツではヨーロッパ騎士団が全滅に近い敗北を喫《きっ》し、ハインリッヒ王の首級が、モンゴル人の槍先に掲げられる悲劇をもたらした。

アジア人を脅威と見る考えは以前からあったものの、ヴィルヘルム二世はそれを体系化（？）したわけである。1900年、中国で義和団《ぎわだん》という国粋団体が排外主義が昂《こう》じて、反乱を起こすに至った。このときドイツ公使ケーテラー男爵が義和団によって殺害されたことから、北京在住の外国人たちが共同で出兵することになった。

清朝政府は義和団を鎮圧する能力も意思もなかったため、地理的に近いということから、日本軍が中心となって欧米各国とともに義和団と戦ったこの史実は、映画『北京の55日』に詳しい。準主役の柴五郎《しばごろう》中佐に扮《ふん》した今は亡き伊丹十三《いたみじゅうぞう》の演技が光った。このときヴィルヘルム二世からドイツ軍に届けられた命令は、アジア人を捕虜にすることを禁じるものだった。

ヨーロッパでは、戦時捕虜《POW》（Prisoner of War）という決まりがある。同じ人間同士、捕虜となっても、しかるべく人権が守られることになっているが、ドイツ皇帝はアジア人の敵はただちに殺せと命令したのである。

黄禍論を掲げたドイツは中国に進出して、遅れてきた帝国主義国として新たに植民地の獲得を目指す。日清戦争のあと、ヴィルヘルム二世は、フランス、ロシアと語らい、日本が戦勝によって得た遼東《りょうとう》半島を返還させる。これが中国のためでないことは、言うまでもない。中国進出のため、日本が邪魔だからである。いわゆる三国干渉だが、日本が新たな黄禍の対象となったのである。

やがて、ドイツは、中国の青島《チンタオ》を租借地とする。イギリスのマレー、シンガポール、香港、フランスのインドシナ、ポルトガルのマカオのように列強とともに、遅ればせながらドイツも極東に橋頭堡《きょうとうほ》を築いたわけだ。ヴィルヘルム二世の黄禍論は、日露戦争の結果、頂点に達する。ドイツ皇帝は、アメリカのセオドア・ルーズベルト大統領に親書を送り、この戦争が白人と黄色人種の人種戦争だと定義し、共同して日本を警戒するよう訴える。

やがて第一次大戦が始まり、日本は連合国側に付き、ドイツと戦う道を選ぶ。地中海までも艦隊を派遣したばかりでなく、ドイツの極東権益の牙城である青島を攻略して解放する。その結果、敗れたヴィルヘルム二世は退位に追い込まれ、プロシアのホーエンツォレルン王家のドイツ支配は終わりを迎えた。また太平洋のドイツ植民地は、日本の信託統治のもとに置かれた。ドイツにとっては、まさに日本が黄禍となったわけである。

敗戦後の天文学的なインフレに喘《あえ》いでいたドイツは、ヒトラーという独裁者に希望を託す。やがて日独伊の三国同盟に至るのだが、黄禍論が影をひそめたわけではない。日本では朝日新聞などがナチスドイツに肩入れして、三国同盟の推進を煽りたてる。このときの朝日新聞のドイツに関する報道が、後の北朝鮮に関する報道とそっくりだと看破したのは、評論家の加瀬英明《かせひであき》氏である。

あの新聞は、時代を越えて、ああいう絶対独裁体制がお気に入りなのだろう。朝日新聞は、昭和天皇を白馬に跨《また》がる大元帥陛下として大いにPRした。戦後、昭和天皇自身、厭《いや》だったと述懐している。明治憲法のもとでは、軍隊は天皇の統帥権に属すると規定してあるから、昭和天皇も憲法に従ったわけだが、それを大々的に宣伝したのが、あの新聞ということになる。

もともと天皇は独裁者ではないが、戦後の人間宣言によって、朝日が祭り上げたような大元帥陛下でなくなったことに失望したのか、今度はソ連のスターリンに希望を託す。しかし、そのスターリンも死後になって批判にさらされるようになると、今度は中国の毛沢東を祭り上げる。中国にはハエがいないなどという歯の浮くような報道が、まかり通ることになる。

さらに山西省の大寨《たいさい》村で信じがたいような農業収穫量が得られたという記事がまかり通るのだが、後に虚偽のプロパガンダだと判明する。当時、単位面積当たり世界一の収量を挙げている日本の専門家が、そんな収穫は不可能だと断言したのに、耳を貸さなかった。

やがて、その朝日新聞が最後の希望を託したカリスマが前述したように北朝鮮の金日成になったのだ。

ともあれ三国同盟が成るわけだが、ドイツ側にも陰の仕掛け人が存在した。

狂気の怪物アドルフ・ヒトラーは、アーリア人種の優越性という虚構を大々的に広めたくらいだから、人種主義者である。同じヨーロッパ人ですら、ポーランド人、ロシア人など、スラブ系の民族を劣等民族扱いしたほどである。アジア人など虫けらくらいにしか考えていない。そのヒトラーがなぜ日本人と結んだのか？　この謎に答える一人の人物がいた。

カール・エルンスト・ハウスホーファー（Karl Ernst Haushofer）である。ドイツ駐在武官として、明治末期の日本に滞在している。その際に日本各地を旅して、帰国後に少将で退役し、ドイツ地政学《ゲオポリティーク》（Geopolitik）の始祖と呼ばれる学者の道を歩みはじめる。

博士論文は「日本の軍事力」というもので、教え子のルドルフ・ヘス（後のナチス副総統）の紹介で、アドルフ・ヒトラーと知り合った。

ヒトラーが、ミュンヘン一揆に失敗して、ランツベルク刑務所に収監されたのちは、しばしば訪れて、獄中のヒトラーに地政学を講義した。特に、ハウスホーファーが唱えた生存圏（Lebensraum《レーベンスラウム》）という概念は、大いにヒトラーに気に入られ、後の『我が闘争（Mein Kampf）』にも取り入れられ、ナチスの中心理論となる。

余談ながら、ハウスホーファーは日本滞在中、熊野《くまの》地方が気に入り、那智《なち》の滝も見物している。那智の滝から、ナチという思想が生まれたわけではないだろうが、日本語に堪能だったから、語呂合わせくらいは考えたかもしれない。冗談はともかく、ハウスホーファーは、日本人を東方の支配民族（Herren《ヘレン》 Volk《フォルク》）と定義して、ヒトラーに進言している。

ハウスホーファー自身は、ドイツ学士院の長ともなるインテリだから、ヒトラーが、彼の地政学をいいとこどりで生半可に採用することをあまり快く思わなかったらしい。ただし終生その付き合いは変わることがなかった。

独裁者ヒトラーに直言できる唯一の人物だったことになる。この師の提言を受けて、人種主義者のヒトラーも、しぶしぶながら日本との同盟を結ぶに至ったのである。おそらくヒトラーの心中では、黄色人種の日本人を例外的に名誉アーリア人くらいの気持ちで処遇したわけなのだろう。

ハウスホーファーの自宅は、訪独した多くの日本人で溢れ、さながら私設日本大使館のようだったという。1946年、ナチス崩壊の一年後、ハウスホーファーは、日本の古式にのっとり切腹自殺を遂げた。

「日本も大虐殺をした」としたかったドイツ

話が先走ったが、いま述べたような経緯で、三国同盟の最中、ドイツの日本に対する黄禍論は影を潜めたようだ。それでも、まったく消え去ったわけではなかった。いわゆる南京大虐殺という事件が起こる。

ことは、1937年、私が生まれる前年、日中戦争の最中に起こったのだが、大虐殺が浮上するのは、大戦後のことである。当時、南京には多くの欧米人がいたものの、その時点では問題にされていない。新聞記者なども、日中戦争の取材で滞在していたから、それほどの大事件が発生したのなら、その時点で報道しないはずはない。南京攻防戦については、各国のマスコミが報道している。戦争なのだから双方に戦死者が出ているが、虐殺に関わる報道はなかったのである。事件は、戦後の東京裁判で俄《にわ》かに浮上したことになる。

ここにも、一人の反日ドイツ人が介在していた。ハインリッヒ・デトレフ・ラーベ(Heinrich Detlef Rabe) である。ドイツ人の名は中国人には発音しにくいので、ジョン・ラーベという通称を名乗っていたという。ラーベはドイツのシーメンス社の駐在員として三十年の間、中国に滞在したナチ党員である。彼の黄禍の対象は、慣れ親しんだ中国人ではなく、日本人だった。

ここで南京攻略戦の詳細を述べる紙数もないが、概要だけ説明しておこう。日中戦争の山場とも言える南京戦は、松井石根《まついいわね》大将のもとで進められた。松井はフランス留学の経験もあり、中国駐在も長く、蔣介石《しょうかいせき》、孫文《そんぶん》とも親交があり、中国通として知られた。歴史は、親米派だった山本五十六《やまもといそろく》をアメリカと戦わせたように、松井を中国と戦わせるという皮肉な運命を命じることになる。

当の南京だが、そのころの人口は約二十五万人。後に中国側が主張したように仮に住民を皆殺しにしたとしても、三十万人の虐殺などありえないことが判る。蔣介石はとうに重慶へ逃げてしまった。後を託された将軍の唐生智《とうせいち》も、無責任にも逃亡してしまう。

あとには、指揮系統を失った部隊が残される。松井は南京を包囲すると、まず降伏勧告を行なう。無用な流血を避けようとしたのである。しかし残された中国兵には、しかるべき決断を下す上級将校が存在しなかった。

応答がないため、日本軍は攻撃を開始する。大混乱に陥った中国兵は放火、略奪などを始め、軍服を脱ぎ棄て、逃亡しようとする。軍服を着ていれば、日本軍から攻撃されるからだ。しかし多くが市民にまぎれて逃げようとするものの、武器は持ったままである。戦闘は市街地まで及ぶ。国際法では、軍服を着ないで戦闘行為をすれば、便衣隊《べんいたい》（ゲリラ）と見なされ、戦時捕虜《POW》の資格を喪失し、ただちに処刑しても問題ないとされる。

しかし、無理やり徴兵された中国の若者は国際法など知らないから、市民にまぎれて散発的に戦いながら、逃げ延びようとする。やむなく日本軍も応戦する。その結果、市民も巻き添えになる。捕虜のうち、便衣隊と判明した者だけ国際法にのっとり処刑したケースもあった。これが真相のようである。

今となっては詳しく検証する方法もないが、死者の数にしても三十万などという膨大なものではない。戦闘による戦死者を含めても数千、あるいは多く見積もる解釈でも、二、三万人というところだろうと言う。戦闘が終結して松井大将が入城すると、露店の物売りが出ていたという記録もある。もし三十万人もの虐殺があったとすれば、とても商売どころではなかったはずだ。

戦後、南京大虐殺は東京裁判において、ジョン・ラーベの証言をもとにしてにわかに浮上する。ラーベは欧米人の居住区という安全地帯にいたから被害を受けていない。それでも市内を見回り、多くの死者を目撃し、大虐殺が行なわれたと断定し、膨大な犠牲者が出ていると主張した。戦闘直後だから、たしかに戦死者の遺体など目撃したかもしれないが、大虐殺と断定する根拠がない。東京裁判ではラーベの証言に基づいて、当時南京にいた宣教師なども、やがて同調して大虐殺を証言するようになる。

だが彼らが南京占領の時点でなぜ声を上げなかったかは、判明しない。南京に駐在した欧米各国の新聞記者のうち、日中戦争については報道したものの、大虐殺について同時点で報じた者は一人もいなかったのだ。

ラーベは後に帰国した際、ナチ党員でありながら三国同盟に反対したという。戦後は、南京のシンドラーなどと呼ばれることもあったが、事実とはほど遠い。晩年に中国へ戻ったが、誰も相手にせず、不遇のまま生涯を終えたという。

ラーベが、なぜ嘘の証言をしたのだろうか。今となっては謎だが、国民党に雇われていたとする説もある。ドイツのシーメンス社は日本でも軍需機器の入札をめぐって贈賄事件を起こしているように、中国でも国民党と取引があった。ラーベは、国民党の敵となった日本を貶《おとし》めたかったのだろう。

当時、まだ三国同盟は結ばれていなかったが、日独は後に枢軸軍としてともに戦った仲である。ヒトラーですら認めた同盟国日本をナチ党員でもあったラーベが戦後になって、なぜ貶めなければならなかったのか、多くの疑問が残るものの、ドイツ伝統の黄禍論が、日本に向けられたせいかもしれない。

結局、松井石根大将は勝者が敗者を裁くという裁判の結果、戦犯として処刑される。しかし冤罪は、これで終わらない。戦時中、東京日日新聞（毎日新聞系）は、戦意高揚のため、南京百人斬りという記事を連載した。野田毅、向井敏明という二人の少尉が南京入城まで、どちらがたくさんの敵兵を斬ることができたかを競いあったという連載である。

この記事のため、戦後、両少尉は、やはり戦犯として処刑される。常識で考えても、日本刀で百人も斬り殺せるものではない。また、向井少尉は、砲兵将校である。当時の日本軍は機甲化していなかったから、砲の運搬には馬匹《ばひつ》が使われていた。馬の管理だけでも目が回るような忙しさだったというから、自分が手柄を立てるために任務を放棄して、個人的に敵を斬るなどということはありえない話である。

南京大虐殺は、その後も日本叩きのため、たびたび浮上する。1997年、アメリカでは、中国系のアイリス・チャンが、『ザ・レイプ・オブ・南京』を著して話題となる。しかし、これは反日キャンペーンのような際物《きわもの》であり、八万人のレイプなど、ありえないことが軍事専門家から指摘される。

レイプが作戦目的の軍隊など、あるわけがない。特に中国軍の巻き返しに備えるべきときに、レイプに明け暮れするなどという軍隊はない。日本軍は規律のある集団である。もしチャンの主張するような暴力集団なら、レイプ以前に戦闘に勝つことはできない。すでに友邦のはずのアメリカですら、こんな本が出るくらいである。

特にドイツ人にとっては、蛮行を働いたのはドイツ人だけではないという例証として、南京大虐殺は、折々に利用される。すべてのドイツ人がそう考えたわけではないだろうが、日本人も同様に虐殺行為をしたと考えることによって、みずからの父祖の責任を軽減して、心理的な負担を免れようとする人も少なくなかったのだろう。

在日ドイツ人のゲプハルト・ヒールシャーは、こうしたドイツ人の代弁者として日本人に対しては親日派を装いながら、極度の反日、憎日を煽りつづけた。2007年、南ドイツ新聞の代表として、外国人記者クラブで、ヒールシャーは、当時まだ十六歳だったフィギュアスケート選手の浅田真央《あさだまお》にスケートに関する話題は、そっちのけで、こう質問している。

「これまで、アメリカ滞在中、アメリカ人から、あなたの国はとても悪いことをしたとか、あなたの国の首相が嘘つきだとか、言われたことはないですか？」

この質問を見るだけでも、このドイツ人が歪んだ憎日に取りつかれていることが判ろうというものだ。多くの日本人がヒトラーを選挙で選んだ前歴のあるドイツ人だけには、言われたくないと感じたものだろう。

当時、日本の首相は安倍晋三だったが、ヒールシャーは、韓国に対する日本の態度に、不満があったのだろう。反日国である韓国と連携して、憎日を貫こうとしたのかもしれない。それにしても十六歳の少女スケーターに向けるべき質問とは思えない。

期《き》せずしてドイツと韓国の反日が、まるで平行線が交《まじ》わるかのように、非ユークリッド空間で一致したことになる。

ドイツ人と韓国人の奇妙な近似性

もともとの反日はさて置いても、韓国人はドイツ贔屓《びいき》（Teutophile《チュートファイル》）が多い。私見だが、日韓併合時代のドイツ語教育のせいではないだろうか。明治以来、軍制などプロシアに学ぶことが多かったから、第二外国語などドイツ語が幅をきかせていた。そのせいか、現在のような憎日、討日が表面化する以前から、韓国人は、ドイツに好意を抱いていた。おたがい第二次大戦の結果、分断国家になったという境遇も似ている。

また戦後いち早く復興し、労働力を必要としたドイツには、多くの外国人労働者が、流入していた。トルコ人などは、ドイツ国籍を取り、トルコ系のコミュニティを作っているほどである。一時期だが、韓国から多くの炭鉱労働者が石炭大国ドイツに渡った。また、看護師としてドイツに行った韓国人も少なくなかった。

ドイツにおける、いわゆる慰安婦像なる安手の彫像が永久設置された現状を眺める前に、それに至る経緯をおさらいするとしよう。

いわゆる慰安婦像は2011年、突如としてソウル特別市の鍾路《チョンノ》区にある日本大使館の前に設置された。設置したのは、韓国挺身隊問題対策協議会《ハングクチョンシンデムンジェテーチェクヒョブウィフェ》という団体である。こんな長い名称を漢字ではなくハングルで読まされるのは、せっかちな韓国人にとっても苦痛だったのだろう、挺対協《チョンテヒョプ》と略されている。

この名称が間違いだということは、しぶしぶながら後に朝日新聞が報道を訂正したことでも、はっきりしている。いわゆる慰安婦（売春婦）と学徒挺身隊がまったく無関係であることは、前章で考証した通りである。語るに落ちるとは、このことだ。

しかし日本では問題にならなかったが、裏で当時の鍾路区長が糸を引いていたという説が浮上する。もし本当なら公人として、とんでもない暴挙ということになる。明らかに外交関係に関するウィーン条約に違反している。

この条約では、「公館の安寧の妨害、または公館の威厳の侵害」を防止すると、22条に定めてある。当時の野田内閣も、この点を挙げて韓国政府に抗議している。しかし韓国政府は、民間のやることだとして取り締まりを拒否する。明らかにウィーン条約に違反するにもかかわらず、韓国政府の対応は相手が日本となると、他の事案と同様におかしなことになる。

やがて慰安婦像なるものは、ソウル市内ばかりでなく、韓国各地で増殖しはじめる。名称のほうも韓国では平和の少女像《ピョンファ・ウィ・ソニョサン》と呼ばれ、英訳では「Statue of Peace」となっている。英訳では少女が省略されているが、この像に反対する日本側が、あたかも平和に逆《さか》

ソウルの日本大使館前の慰安婦像。その後ろには、ハルビン駅で伊藤博文を暗殺した安重根の横断幕が掲げられている。

らっているかのようなイメージを演出するための作為である。

像の作者は、金運成《キムウンソン》という彫刻家夫婦だとされ、後にソウル郊外の町工場で大量生産されるようになり、韓国内だけでも百カ所以上で設置されるようになる。像の説明も日本憎しの度が増えるに従い、はじめ英文では慰安婦（Confort Women）と直訳されていたものが、いつしか性奴隷（Sex Slave）と誇張されてしまう。作者の金は少女を十三歳から十五歳という年齢に設定したというが、そんな年齢の売春婦はそもそも存在しなかった。

慰安婦という日本語にしても売春婦という表現を避けて、婉曲に呼んだものでしかない。当時の新聞記事で面白いものがあった。性に関しては今と違って解放されていなかったため、慰安所に女学生が応募してきたという話が出ている。兵隊さんを慰安するという意味を文字通りに受け取って、いわばボランティアのようなつもりだったらしい。業者は、あなたのようなお嬢さんが来るところではないと諭《さと》して、親元へ帰したという。

この記事からも、当時の慰安所の実情が判ろうというものだ。

慰安婦像なるものは韓国各地で増殖するわけだが、韓国にも良心的な人がいなかったわけではない。韓国の名誉のため書いておくが、慶尚南道の昌原《チャンウォン》市では、いったん決定した設置に対して反対運動が起こり、許可が取り消されている。昌原は、昌原コンビナートと呼ばれる工業団地で有名で、日本企業も進出しているから、ある種の配慮が働いたのだろうか。

ともあれ、これは例外であり、慰安婦像は韓国ばかりでなく、世界各地に飛び火していく。「嘘も百回いえば、本当になる」とは、ナチスの宣伝相ゲッベルスの言葉だそうだが、韓国人の異様な発信力は、後に詳述するようにナチス顔負けの威力を発揮する。

日本政府も抗議しなかったわけではないが、いかにも弱々しい。万事に控えめな日本人は逆情報活動《カウンター・インテリジェンス》は、なにより苦手である。臆面もなく相手の非を詰《なじ》って、相手を悪だと周囲に納得させなければ、効果がない。

慰安婦像は中国、香港、フィリピンなど、まずは親日的とは思えない国々へ浸透し、台湾へも伝播する。しかし台湾では、国民党系の組織が動いたものの、おおかたの本省人（土着台湾人）は従おうとしなかったらしい。

さらに慰安婦像は、太平洋を渡って、アメリカに到着する。私も行ったことがあるが、ロスアンゼルス郡《カウンティ》には韓国系の住民が少なくない。彼らが声高《こわだか》に白人、黒人、ヒスパニックの住民に訴える。

アメリカ人があまり外国に関心がないことはよく知られているが、人権、人道などを持ち出されると敏感に反応する。よく事情を知らないアメリカ人は単純に乗せられてしまう。こうして慰安婦像が設置されてしまうのだ。

カリフォルニア州グレンデール市に慰安婦像が設置されるのは2013年、韓国での最初の設置からわずか二年後である。韓国系の市民が働きかけ、事情を知らないアメリカ人が乗せられたかたちである。しかも二十万人が性奴隷にされたなど、虚偽の説明が付けられていた。

在米日本人の有志が動き出し、抗議を始めたものの、効果を上げられなかった。また、日本のＬＡ総領事館も日本が国家補償というかたちで韓国に対して誠意をもって対応したことなどを挙げて反証を試み、それなりの協力したのだが、やはり通じなかった。在外公館としては慰安婦という疑似イベントを認めた村山談話、河野談話などの影響もある。国際関係を考慮すれば、強く韓国を非難することはできないから、どうしても説明がましい弱い反論しかできなかったということなのだろう。

アメリカでは、特にリベラル志向の強い西海岸《ウエストコースト》などの地域では、歴史の見直し論者《リヴィジョナリスト》(Revisionalist)は嫌われる傾向がある。なぜなら枢軸国を一方的に悪者とする確定した（?）史観を見直すとなると、アメリカの非もあげつらうことになりかねないからだ。

やがて慰安婦像は全米各地に波及していく。サンフランシスコでは、姉妹都市である大阪市の吉村洋文《よしむらひろふみ》市長（現大阪府知事）の度重なる抗議に反して慰安婦像が設置されてしまい、ついに姉妹都市関係を大阪市側が解消するに至った。

ただアメリカでも、東部の主要都市ニューヨーク、ワシントンなどでは、韓国団体の建物内部に設置された例を除いては、これまでのところ良識が優《まさ》っているようである。日米関係を重視する人々は、おいそれとは韓国の詐術に乗せられることはない。

ついにドイツにまで設置された慰安婦像

アメリカにおいて最近、日本にとって朗報とも思える学術論文が発表されている。ハーバード大学のJ・マーク・ラムザイヤー教授が、「太平洋戦争における性サービスの契約」という論文で、当時は内地でも公娼制度があったことなども資料を挙げて紹介した上で、軍隊が兵士を病気から守るため介入した事実など、こと細かく考証した学術論文である。

必ずしも日本寄りの研究というわけではない。当時の時代相についても、きちんと述べている。公娼制度によって売春は認められていたわけである。

その契約も今日では考えられないものだった。前に最初にカミングアウトした金学順《キムハクスン》の例を紹介したが、母親の再婚相手の朝鮮系の義父によって、釜山の置き屋へ売られた悲惨な身の上話を本人が語ったという。このケースでも判る通り、前借金《ぜんしゃくきん》として、一定の金額を親なり係累《けいるい》が持って行ってしまうから、その後、返済が終わるまで何年かは年季奉公をしなければならなくなる。また、管理売春が禁じられていたわけではないから、悪質な業者によって搾取される例も少なくなかった。

娼婦たちは年季明けになってはじめて自由になるのに、その後も、同じ稼業を続ける例が多かったようだ。当時も醜業《しゅうぎょう》として卑《いや》しめられていたから、堅気《かたぎ》の生活に戻れないケースが多いものの、なかには結婚して幸せになるケースも少なくなかった。報酬は、必ずしも悪くない。いわゆる慰安婦も、性奴隷とはほど遠い、高給取りだったという。

しかし、この論文に対しても在米韓国人の反応は素早い。ハーバード大学に留学している韓国人学生を中心として抗議の声が沸《わ》き起こるが、大学側は今のところ取り合わない態度だと聞いている。ことは学問研究の自由にも関わるから、アメリカ側としてもおいそれと応じるわけにはいくまい。ハーバード大学の表現の自由に関わる問題になっている。

従軍慰安婦なる疑似イベントは、とうとう黄禍論の本家のドイツまで伝播する。まずフライブルク市で設置案が持ち上がったが、姉妹提携関係にあった松山市がいち早く手を打ち、強硬に抗議した結果、撤回されるに至った。

続いてバイエルン州ヴィーゼント市では、ヨーロッパ最初の慰安婦像がとうとう設置されてしまった。

バイエルン州、いわゆるババリア地方はナチスが誕生した地域で、戦後も反省することなく、当時を懐かしむ人々が少なくなかった。前述したようにドイツ人はすべての責任をヒトラー、ナチスに押し付け、国家責任を免れることに成功した。ドイツの戦後処理では、個人補償という欺瞞《ぎまん》でお茶を濁してしまったのである。命令を受けたせいばかりでなく、自ら進んで虐殺蛮行に走った親衛隊員、突撃隊員などが幹部や指揮官を除いてはほとんど免罪になり、市民社会に溶けこんでしまったため、ナチズムを一掃できなかったのである。

1967年、アドルフ・フォン・タッデン党首のもとで早くもネオナチが復活している。このNPD（ドイツ国家民主党）は国政でも2・7パーセント、地方議会では実に8パーセントの得票を占め、三万人近い正式党員を擁《よう》するまでに成長していた。彼らはアーリア選民思想を隠したものの、シレジア、東プロイセン、ズデーテンなど失地回復を訴え、反共反米を掲げて勢力を拡大したのである。ナチスとは称さなかったものの、ドイツのマスコミですら新《ノイエ》ナチスと呼んでいたほどである。

このネオナチは、しだいに党勢を拡大していくのだが、やがて内部対立を起こす。旧ナチスもレームの突撃隊が突出したことがあって、ヒトラーはレーム暗殺に踏み切り、分裂を回避したものである。今は時代も違うから、ネオナチは分裂を重ね、勢力を弱めてしまうのだが、賛同する人々が減ったわけではないから折に触れて活動が再燃することもある。トルコ人コミュニティが襲撃される事件などは、ドイツ右翼とひとくくりにされるが、いわゆるネオナチが糸を引いているケースが少なくないという。

やがて首都ベルリン中央区にも、慰安婦像が設置されることになる。日本が猛烈に抗議したため、いったんは撤去が決まったものの、韓国系団体の執拗《しつよう》な訴えによって巻き返され、とうとう永久設置ということになってしまった。しかも性奴隷などという虚偽の説明つきということである。

日本の外交力には限界がある。かつて村山談話、河野談話などで韓国側の虚構を認めてしまったため、両手を縛られたようなかたちの弁明しかできなくなっている。つまり、いわゆる従軍慰安婦なるものを認めた上で、誠意を尽くしたという例証を挙げることしかできないのである。

ここは、どうせ韓国側も守る気がないのだから、日韓合意を破棄してしまい、これまでの経緯を捨て去った上で、慰安婦の真実を韓国に突きつけ、さらに諸外国にも説明するしか道がない。韓国が前言を翻《ひるがえ》した例は、枚挙にいとまがない。こういう国際信義にもとる国に対しては、こちらも前言を翻すことも辞すべきではない。この章、もっと資料を集めたのだが、ドイツに関して、これ以上は腹立たしくて書き続ける元気が出ない。

一つだけ最近の出来事とも関係があるから、文化の相違について言及して、この章を終えるとしよう。それは、女性の地位の問題である。慰安婦問題も、戦時女性に対する暴力という視点から広まってしまったのだが、欧米諸国が乗りやすい文化の違いによる誤解が裏にはあるようだ。

日本で女性政治家、女性経営者が少ないのはかならずしも一定のパーセンテージを女性に割《さ》くという方法では解決しない。そうなりたい女性が少ないという現実も作用している。もちろん今後は、政治家、経営者を志す女性が増えるだろうし、そうした人々に機会を与えるべきだろうが、強制すべき性質の問題でもない。

東京オリンピック・パラリンピック競技大会組織委員会の森喜朗《もりよしろう》元会長の女性差別の言動に関しても、各国から批判が寄せられたが、日本社会全体の女性蔑視に敷衍《ふえん》して、もっとも悪意あるコメントを発表したのが、この南ドイツ新聞だった。日本女性の地位が低いという、欧米社会の誤解、思い込みを裏書するような言動をしてしまった森元会長も悪いが、そこには偏見に類《るい》する行きすぎも少なくない。

欧米ではマダムバタフライ（蝶々夫人）の時代から、日本女性は従順《サブミッシヴ》であり、封建的な男社会で虐《しいた》げられているという思い込みがあるが、とんでもない。表面的な見方でしかない。

欧米と異なり、日本では家計は主婦が握っている。主婦の権限は、きわめて大きい。ひところ日本でキャリアウーマンが少ないのは、亭主を働かせて財布を握ったほうが得だという女の判断のせいだとする分析があったくらいである。その伝で言えば、欧米では亭主が小遣いをくれないから、女も働くしかないと言えないこともない。フランスやオーストラリアのように財布を夫が握っている国とは、まったく事情が異なるのだ。

夫婦が一緒に行動する機会が欧米より少ないから、表面上は男性社会のように見えるだけで、女性には女性の権限がある。これは明治以降の話ではない。江戸時代から商家などでは旦那が留守のとき、大番頭が店を切り盛りするかというと、女将《おかみ》さんの許可なしには何もできなかった。日本神話の主神である天照《あまてらす》も女性だし、女ならでは夜も日も明けぬ国という認識が定着していた。欧米で女王が登場するのは近世になってからで、例外的にローマと戦ったケルト族の女王ブーディカくらいしか思い浮かばない。日本では、邪馬台国の女王卑弥呼から始まって、推古天皇など多くの女帝が輩出している。

南ドイツ新聞が、このときとばかりに得意の日本叩きに走ったのも伝統的黄禍論からくる日本嫌い（Japanophobia）のせいで、慰安婦像の増殖と根は同じにちがいない。

こちらもドイツに対しては、特に日本の立場、主張を訴えるべきである。ドイツ人のすべてが反日というわけではないが、日本人も虐殺、暴行をしたと考えることで、彼ら自身の良心を免罪にしようとするドイツ人が少なくないことも知った上で、真実を伝える努力を怠るべきではない。

第七章

日本に牙《きば》を剝《む》く韓国・朝鮮

増強の一途をたどる、韓国軍の拡大路線

文在寅《ムンジェイン》大統領が日本を敵視したあげく、国連決議を破ってでも北朝鮮に援助を行ないたくてうずうずしている現況がようやく多くの日本人にも理解されるようになった。アメリカの東アジア戦略では対中包囲網として、日米韓という枠組みを維持してきたのだが、そのアメリカも韓国に対して疑念を抱くようになっている。しかしアメリカには、東アジア通の要人が多くはない。特に民主党政権は、かつて日韓間を取り持とうとして、日本に譲歩を促した前科がある。今後のアメリカの出方を注視するしかないだろう。

日本の国防政策は戦後、一度もぶれたことがない。周辺諸国に脅威を与えないようにするため、日本の手を縛るという方針で一貫してきたのである。国防というものは、周辺諸国に侵略する気をなくさせる目的に沿ったものでなければいけない。その意味である程度は、抑止力としても脅威を与えるようなものでないと機能しないのだが、奇妙ともいえる方針に固執してきた。

第二次大戦を日本の侵略という観点だけで位置付け、その反省に立った方針なのだろう。それでも日本を取り巻く情勢がすっかり変化したことを考えれば、今やカビが生《は》えたような時代遅れの政策に堕《だ》している。

一例を挙げるだけで、この矛盾ははっきりする。航空自衛隊の最初の国産輸送機C-1は、わずか千キロ足らずの航続距離しかない。当時、一大勢力だった野党の反対で、航続距離が長いと侵略に出かけるかもしれないという危惧《きぐ》から、わざわざ遠くまで飛べない設計になったからだ。南北に長い日本列島を縦断することもできない。武装もない輸送機が仮に長大な航続距離があったとしても、侵略に出かけたりできないことは自明の理だ。それなのにそういう理屈は通用しなかった。

多くの日本人が知らないか、知らされていないが、韓国の軍備が増強されつつある。かつて北朝鮮を主敵《チュチョク》としてきたものが、今や対日戦に備えたものに変わりつつある。韓国のGDPは一人当たりではイタリアを抜き、トータルでは世界の十、十一位くらいまで伸長している。徴兵制によって維持される六十万人におよぶ常備軍は、陸上自衛隊の三倍にも上る。

先に盧武鉉《ノムヒョン》大統領がアメリカの要人に対して、米韓で日本を仮想敵国と規定しようと提案したという、驚くべきエピソードを紹介した。現代財閥の鄭夢準の証言だけに信憑性がある。盧はたぶん本気だったのだろう。独《ひと》りよがりの思い込みにもしろ、アメリカの手を借りて日本と一戦交える覚悟だったにちがいない。もちろんアメリカが乗るはずもないが、その最終目標を果たす前に盧は自殺に追いこまれた。

もともと韓国の軍備は李承晩が備えを怠《おこた》った時代ばかりでなく、北朝鮮に対しては、常に劣弱《れつじゃく》で受身《うけみ》だった。受身である証拠は、ＤＭＺ《ディーエムゼット》（非武装地帯《デミリタライズド・ゾーン》）に向かう道路のあちこちにあるガードを見れば、すぐ判る。

平野の中だから、ガードが必要な地形ではない。ガードの上には別の道路や鉄道が通っているわけではない。上には四角い大きなものが乗っている。コンクリートのブロックなのである。いざ北朝鮮の戦車が侵攻してきたら、爆破してコンクリートブロックを落とし、道路を遮断するためなのである。ソウルの市街地では、北の攻撃で横断歩道橋が落ちたら交通が麻痺《まひ》するため歩道橋を禁止していることは前述した。そうしながら、ここでは逆に道路を封鎖することが眼目になっている。

韓国と北朝鮮を南北に分かつＤＭＺは、旧来の38度線より東上がり、西下がりになっているが、ほとんど山地である。板門店《パンムンジョム》あたりの一帯を除けば、中央部の鉄原《チョルオン》、平康《ピョンガン》、金化《クムハ》のあたりがかろうじて平地になっているので、ここから北の戦車がかつて雪崩《なだれ》こんだ。後に国連軍の反撃があり、このあたりは鉄の三角地帯とも戦車の墓場とも呼ばれるようになった。以後、韓国は北に対して軍備を増強する努力を怠らずに続けてきた。

対する北朝鮮は、金日成の類稀なる指導力のもとで、動乱後も着々と軍事力を増強してきた。北では、金日成は「百戦百勝《ペクチョンペクスン》、鋼鉄霊将《カンチョルリョンジャン》」と称《たた》えられているが、あくまでプロパガンダにすぎない。金の天才的な才能は、軍人でも政治家でもない面で恐ろしいほど発揮される。金は折からの中ソ対立という国際情勢を逆手《さかて》にとって、国家運営法を編み出したのである。中国になびくポーズを示し、援助を引き出したり、逆にソ連にすがって支援を取り付けたりして、動乱で破壊された経済を立て直したのである。中ソともに同じ共産主義を標榜する北朝鮮を敵陣営に渡したくないから、援助を惜しまない。石油など、ソ連から無料で供給されていた。

　タカリ経済で国家を運営するという奇抜な手法を編み出したのは、金日成の天才的な才能によるものである。孫に当たる金正恩も祖父ゆかりのタカリ経済を志し、米中を手玉に取ろうとしているものの、祖父とは才能が違うばかりでなく、当時とは情勢も異なるから巧《うま》くいっていない。

　軍備も例外ではない。ミグ-15戦闘機は動乱の際、猛威を振るった。37ミリという対戦車砲なみの大口径の機関砲は、日本本土空襲で活躍した超空の要塞《スーパーフォートレス》B-29の改良型B-50爆撃機を、一発でバラバラにして作ったほどである。ソ連のミグ——ミコヤン・グレビッチ工廠《こうしょう》は戦闘機メーカーとして有名で奇数ナンバーしかない。ソ連はその後も、ミグ-17、19、21、23という系列を惜しみなく金日成に提供し続けた。

中国も負けてはいない。韓国にない艦種も供与している。もともと第二次大戦のとき、ソ連から供与されたロメオ級の潜水艦は、中国で後部魚雷室などを付け加えて改良したものだ。これを北朝鮮に二十隻近く渡している。これら大型潜水艦は、韓国への工作員の潜入ばかりでなく、日本への工作にも使われている。東北地方の日本海側の長い海岸線は、潜水艦からゴムボートで工作員が上陸してきても、ほとんど無警戒のままだったからだ。

中国の装備は劣悪であり、毛沢東の国共内戦のころは漁船に大砲を乗せた土砲艇《どほうてい》すら登場したくらいで、他はソ連のコピーが多かった。そのソ連のコピーを北朝鮮に渡していたから、見分けがつかないほどである。また、共産国では旧式兵器も敵に無駄弾丸を撃たせるため、先鋒として使わせる方針だから、朝鮮戦争のころの兵器ですらいまだ現役である。

つい近年も、旧ソ連のT-34戦車が平壌《ピョンヤン》の軍事パレードに登場し、各国の軍事関係者を驚かせたことがある。中国製では、T-59戦車や62式軽戦車が大量に使われているほどで、いずれも旧式になっている。銃器などは、同じカラシニコフＡＫ－47突撃銃《アサルトライフル》でも、ソ連製、中国製が入り混じっているうえ、北で国産化されたものもある。

ただ中ソ対立が解消されると、北の兵器獲得も容易ではなくなる。戦闘機ではミグ－23がわずかにあるだけで、それ以降の機種は供与されていない。乏しい外貨を割《さ》いて、ミグ－29を十数機ばかり自前で購入したものの、後が続かない。戦車についても、当時は最新式のＴ－72がわずかだけ導入されたが、他は旧式なものばかりで、多くはＦＣＳ（射撃管制装置《ファイア・コントロール・システム》）どころか、レーザー測距儀すら付いていないものしかない。手動で砲塔を回し、目分量で大砲を発射するという第二次大戦のころの戦車ばかりである。

ともあれ北朝鮮は、金日成の巧妙な立ち回り方で中ソを手玉に取り、戦車、戦闘機、軍艦など、大量の兵器を手に入れ、韓国に対して軍事的な優位を保ちつづけていたのである。

一方、韓国も、「漢江の奇跡」と呼ばれる高度成長によって重工業化が成ると、軍備の増強に取り掛かった。最初、劣勢な航空戦力を調えるため、Ｆ－５フリーダムファイターのＫＤ《ノックダウン》が始まった。アメリカが途上国向けに開発した戦闘機で、高度の技術がなくても整備点検が可能だという長所を備えている。

Ｆ−５の運用で培った技術を用いて韓国空軍は、Ｆ−16ファイティング・ファルコン戦闘機を採用する。北朝鮮のいかなる現有機種をも上回る高性能の新鋭機である。しかもソ連崩壊ののち、韓国空軍のパイロットは、旧ソ連の衛星国だった東欧諸国において、北朝鮮の虎の子のミグ−29と同じ機種を試乗している。それによると、北のミグ−29は初期型でルックダウンレーダーもなく、韓国空軍のＦ−16の敵ではないと判明した。

　空軍ばかりでなく、韓国陸軍の装備の現代化は急速に進行した。北のタカリ経済には限界があるが、韓国は高度成長によって遥かに巨大なＧＤＰを持つに至ったから、潤沢な国防費を支出できるからだ。

　北には、四千輌とも五千輌とも言われる戦車があるというが、ほとんどは旧式化している。対する韓国は、88式《パルパルシク》という新型戦車を千輌も配備してしまった。１０５ミリ・ライフル砲はいかなる北戦車も撃破できるし、ＦＣＳ（射撃管制装置）も完備している。もし夜間に戦えば、どれほど数があっても、北の戦車軍団はたちまち壊滅するはずである。

　さらに韓国軍には、北朝鮮に対する切り札ともなる戦車軍団がある。北では最新式のＴ−72より進んだ、ソ連製Ｔ−80で編成された戦車隊がなんと韓国陸軍にある。北朝鮮の旧式戦車相手ではお釣りがくる、大口径の122ミリ砲を装備している。なぜ旧ソ連末期の新鋭戦車が韓国にあるかというと、話はソ連崩壊のころに遡《さかのぼ》る。新生ロシアが破産状態だったころ、好景気に沸いていた韓国は30億ドルの借款を与えた。しかし、ロシアには返済能力がない。ソ連が輸出できる工業製品は兵器しかない。そこで戦車という現物で返済したわけだ。

さらに海軍力の整備は、予想を上回るスピードで進行した。韓国は日本との技術提携で造船技術を会得し、造船大国にのしあがった。こうした技術は横滑りで軍事に転用できる。大型護衛艦を続々と進水させ、艦隊を編成できるまでになった。そのうえ韓国になかった艦種、潜水艦に関しても、はじめ西ドイツ（当時）のTNW《テーエヌヴェー》（Tyssen《ティッセン・》 Nord《ノルト・》 Werke《ヴェルケ》）社から技術導入したKD《ノックダウン》から始めて、大型化した潜水艦を国産するに至っている。

韓国軍の仮想敵国が日本である、これだけの証拠

つまり韓国の通常戦力は、北朝鮮を遥かに上回っていることになる。北朝鮮が核とミサイルと特殊部隊に特化した戦略を採るのも、当然と言えないこともない。かつて恐怖

に近かった北朝鮮の正面装備による侵攻の可能性は、遠のいたと分析できよう。

ところが韓国軍の増強は止まらない。空軍ではF-15の導入に踏み切った。北朝鮮空軍は燃料不足のせいもあり、十数機しかないミグ-29を操縦できるパイロットは、十数人しかいないとも言われる。そのミグ-29ですら、韓国空軍のF-16には、まったく歯が立たない。つまりF-15は、不要なのである。ところが韓国は、あえてF-15の配備に踏み切った。

日本の航空自衛隊も、F-15を保有している。かつて１９８０年代末、この最新鋭機を採用したときは、あまりにも高価なのでアメリカを除いて日本以外ではほとんど保有されていなかった。東アジアでは無敵を誇ったものである。現在ですら、アメリカ以外のF-15の60パーセント以上が日本にあるという。F-15はロングセラーの傑作機で、今も改良型が生産されている。日本のF-15はエレクトロニクス関係などは更新したものの、初期型のため老朽化は否《いな》めない。つい先年にも、前方車軸が折れるという事故が発生している。

これに対して韓国が採用したF-15K（Kはコリアの頭文字）という機種はF-15Eという最新型で、戦闘爆撃機タイプである。もともとF-15には、二種類ある。日本で採用しているのは、ファイティングイーグルという制空戦闘機タイプである。これに対して、ストライクイーグルという戦闘爆撃機タイプがある。この二種類のF-15を運用するのが、米軍の作戦要綱になっている。最初、ファイティングイーグルで敵戦闘機を撃滅してから、ストライクイーグルで敵基地を攻撃するのである。

日本は周辺諸国に配慮して、ストライクイーグルは採用しなかった。かつて鳩山一郎総理は誘導弾（ミサイル）の攻撃が迫った場合、敵基地攻撃能力も自衛の範囲に含まれると、答弁した。北ミサイルの脅威など影も形もなかった、今から七十年近い昔のことだから、驚くべき烱眼《けいがん》と言えよう。

今、敵基地攻撃を可として、景気のいいことを口走る輩《やから》が多いが、もともとできない相談である。日本のF-15J（Jはジャパンの頭文字）には爆弾を積むためのパイロンが付いていないから、敵基地を攻撃することはできない。韓国がこれまでのF-16でも充分すぎるにもかかわらず、新たに戦闘爆撃機タイプのF-15Kを採用したのは、北朝鮮と戦うためではなく、日本と戦うためなのである。

また韓国は、MBT（主力戦闘戦車）である88式にも、ある改造を加えはじめた。主砲の105ミリ砲を、わざわざ120ミリ砲に換装している。もちろん砲の破壊力は増えるわけだが、前にも述べたように105ミリ砲で撃破できない北の戦車はない。

現在の戦車砲は、HEAT《ヒート》弾という成型炸薬弾《せいけいさくやくだん》を用いている。弾丸が命中すると、高熱で装甲を溶《と》かして内部の乗員をガスジェットで焼き殺すことになる。そこで次世代の戦車では乗員の命を守るため、複合装甲が採用される。装甲をサンドイッチ型にして、熱に強いセラミックを挟み込む方式だ。各国とも軍事機密としているから、詳細は公開されていない。北の戦車は攻撃重視の旧式なものばかりだから、複合装甲など用いていない。

ところが韓国陸軍は、主砲をより口径の大きなものに換《か》えはじめた。これまでの105ミリ砲なら、47発の砲弾を運べるが、より大きな120ミリ砲では、32発しか運べない。戦場で弾丸がなくなったら、致命的である。しかも砲を大きくすれば、速射性も失われる。数ばかり多い北の旧式戦車を手早く片付けるためには、速射性がものを言う。手間取れば、まぐれにもしろ北戦車の命中弾を受けかねない。

そもそも兵器というものは家電製品などと異なり、戦場という極限状況で使うものである。だから、余計な機能や過剰な品質は必要ないどころか、機動性を損《そこ》なうためマイナスにしかならない。韓国は、あえて三割以上も少ない携行弾数で、しかも重量も重くなる不利を承知で、速射性を犠牲にしてまで主力戦車の改造に取り掛かった。なぜかというと、戦う相手が変わったからだ。日本の90式《きゅーまる》、10式《ひとまる》などの複合装甲を有する最新型の戦車と戦うためには、120ミリ砲が不可欠だからだ。

このように韓国軍は陸海空にわたって、対日戦を想定して急速に拡大増強されている。こうした実力を背景にして、しだいに尊大な態度を取るようにも変わってきている。ここ二年ばかりの間にも、危険な挑発行為が何度も起こっている。

韓国軍はなぜ極端な危険行為を繰り返すのか

日本のEEZ（排他的経済水域）の大和堆《やまとたい》では、日本漁船が韓国警備艇によって停止を命じられ、退去させられるという事態が発生している。あわや拿捕《だほ》されるという危機だった。この海域は日本のEEZではあるが、竹島に近いこともあって、いわば日本側の温情によって韓国側の操業も許しているところである。ところが韓国警備艇は、わが物顔でトンデモ行動に出る始末だった。しかも、この種の事案が年を追うごとに増加している。

国際的な観艦式における暴挙も忘れてはなるまい。韓国海軍は、日本の護衛艦に海軍旗を掲げることを禁止した。参加したアメリカ、オーストラリアなどの海軍旗は、不問である。そのため日本側は参加を見合わせた。

日本の海軍旗はいわゆる旭日旗《きょくじつき》で、戦前から使われているものの、特に問題はないはずだ。それにもかかわらず韓国では理由もなく侵略の象徴であるかのように扱われ、目の敵《かたき》にされている。アメリカ人などは赤い朝日の後光が八方に出ているデザインをタコの足に見立て、タコ旗《オクトパス・フラッグ》というニックネームをつけて面白がっているくらいで、旗そのものに罪はない。

対する韓国海軍は、「師」という漢字を書いた旗を掲げたという。「師」の字は、韓国語では「サ」と発音される。ハングル至上主義の韓国にしては、わざわざ漢字で書いてある。「師」とは、諸葛孔明《しょかつこうめい》の『出師《すいし》の表《ひょう》』でも知られているように軍隊の意味である。実は「師」という旗は、秀吉による文禄慶長《ぶんろくけいちょう》の役で日本軍と戦った李舜臣《イスンシン》将軍が船上で掲げたとされるものである。

李将軍は、その陣中日記『乱中日記《ナンチュンイルギ》』で知られる。元均《ウォンギュン》という奸臣《かんしん》の讒言《ざんげん》にあって投獄されていたが、日本軍来《きた》るの報を受けて事に当たれるのは李将軍しかないということで釈放され、白衣従軍《ペグィチョングン》したという故事で有名である。つまり囚人だったため、軍服や甲《かっ》冑《ちゅう》が間に合わなかったわけである。

李舜臣《イスンシン》は、戦前の日本海軍でも英雄として尊敬されていた。すでに日韓は併合していたのだから、秀吉の役も内戦扱いで李将軍を敵として扱わなかったところが、日本人の寛大な国民性だろう。

李将軍は亀船《コブクソン》という半潜水式の装甲船を用いて、日本の輸送船を次々に沈めたことで名を挙げる。亀船《コブクソン》は、日本では亀甲船《きっこうせん》と訳されている。軍船との戦闘を避けて、輸送船を撃沈して敵の補給を断つという、現代の潜水艦作戦の常道をいった戦術は大いに評価されている。

英雄の故事にならったということなのだろうが、韓国側が李将軍の用いた「師」の旗を掲げたことは嫌味にしても許しがたい。日本に対する宣戦布告に等しい非礼だろう。日本人は李舜臣将軍の故事など知るまいと思ってか、宣戦布告のマスタベーションのようなことをしでかして満足しているわけだから、児戯《じぎ》に等《ひと》しい幼児性である。

韓国が対日敵意を露骨に表明する事件も起こっている。危険なレーダー照射事件である。船舶や航空機に対してレーダーを照射するということは射撃する準備であるから、場合によっては先制攻撃（preemptive attack《プリエンプティヴ・アタック》）を行なっても正当化できる。

犯人は、韓国の護衛艦広開土大王《クワンゲトテワン》である。高句麗《こうくり》の広開土王《こうかいどおう》は韓国の英雄の一人で、人気俳優ペ・ヨンジュン主演『大王四神記《テーワンサシンギ》』でも知られる。そこで当時の韓国で最大の護衛艦の名に用いたのだが、その後さらに大きい護衛艦を建造するに至っている。

2018年末、広開土大王《クワンゲトテワン》は、はるか上空を飛ぶ日本の哨戒機P-1に対してレーダー照射を加えたのである。P-1の機内では、警報が鳴りわたったという。アメリカ軍なら、ただちに攻撃に踏みきる危険な状況である。日本の自衛隊は、RoE(Rule of Engagement=交戦規定)がない世界でも珍しい軍隊だと言われる。発砲の基準は、警察官職務規定による正当防衛しかない。したがって相手が撃ってこないかぎり、応戦できないことになる。現代の戦争では先に攻撃されたら、やられるしかない。

日本が猛烈に抗議したものの、相手は非を認めない。常に異民族に支配されてきた韓国人は非を認めたら殺されるかもしれない歴史を生きてきたから、絶対に非を認めない国民性が培《つちか》われた。なんと日本機が超低空飛行で接近してきたためと、虚偽の弁解に終始する。結局、うやむやにされてしまったが、一歩間違えば戦争になりかねない危険行為である。

真相は判らないながら、おおよそ、こうではないかと推測はつく。国産哨戒《しょうかい》機P-1は、最新式の装備を備えた機種である。エレクトロニクスの塊《かたまり》のようなハイテク兵器で、大型哨戒機を国産できる国は米ロのほかには日本しかない。広開土大王《クワンゲトテワン》のレーダー士官は、P-1が妬《ねた》ましかったのかもしれない。そこで嫌がらせに出たわけだろう。

こんなトンデモ危険行為を平気でやる民族だということも、日本人は忘れてはなるまい。いくらなんでも艦長がそんな命令を下すわけがないだろうから、レーダー士官が反日の点数稼ぎのため、こんな暴挙に出たわけだろう。

日本企業にトンデモ判決を下した裁判官がその功績で出世する国だから、その後どうなったか判らないながら、このレーダー士官も反日を貫けば、昇進に結びつくという思惑でもあったにちがいない。

この事件の余波は、ただでさえ悪化している日韓関係に重大なヒビを入れることになる。日本側は、日本側の抗議を無視したことなど、韓国の正体を見た思いだったが、さらに問題が発生する。

正当な日本の抗議に過剰反応

文政権の対北融和策で国連の制裁決議に違反する事案が次々に明るみに出たため、日本は半導体製造にかかわる三つの原材料の対韓輸出に関して、これまでのホワイト国という優遇措置を撤回した。べつだん禁輸したわけではない。普通の手続きで、輸出するだけの話である。半導体製造は軍事に結び付くから、しっかり管理して欲《ほ》しいという要望である。

しかし韓国は、これをレーダー照射事件に対する報復と受け取り、過剰反応に走った。このとき韓国が採るべき態度は、日本から入手した原材料を北朝鮮に渡らないよう管理しているという証拠を示すことだったのに、日本の悪意ある嫌がらせというふうに逆恨《さかうら》みしてしまい、日本製品のボイコットに走る有様で被害者意識を剥き出しにした、トンデモ対応になってしまった。あの韓国に神《かみ》対応を求めるのは無理としても、ごく普通の対応ができないのである。日韓関係は韓国側の子供じみた過剰反応で、さらに悪化することになる。

ここで韓国は、さらにトンデモ対応に取り掛かる。日韓のＧＳＯＭＩＡ《ジーソミア》を破棄すると通告してきたのである。ＧＳＯＭＩＡとは、直訳すれば軍事情報総合安全協定という意味で、一般に日韓秘密軍事情報包括保護協定と訳されている。韓国版は、韓日秘密軍事《ハニルピミルクンサ》情報保護協定《チョンボポホヒョプチョン》と、日韓が逆になっている。

日米韓という東アジア安保の枠組みの一助で、共有する軍事情報を第三国へ流さないとする一項もある。この協定を破棄するということの意味が、独りよがりのような韓国には全然判っていない。

問題は、単に日韓の間では収《おさ》まらない。アメリカの東アジア戦略のなかに位置づけられる協定である。日韓の装備はアメリカに負う部分が少なくない。たとえばイージス技術などはブラックボックス化しているし、戦闘機の射撃管制装置《FCS》なども同様で、これらの技術がロシアや中国や北朝鮮に渡ることはなんとしても避けなければならない。そうした性質の協定にもかかわらず日本憎しに凝《こ》り固まった韓国は、米国の意向を忖度《そんたく》する余裕などない。

アメリカは、当時のエスパー国防長官が鄭景斗《チョンギョントゥ》国防部長官に対して、協定存続の釘を刺している。破棄通告ののちは、シュライバー国防次官が失望を表明する。しかし韓国政府は国内向けのつもりなのか、アメリカも了承していると嘘までついてしまい、ただちにアメリカ側から否定される。結局、協定破棄は撤回に至る。日本に対して、すねたり、ごねたりしただけに終わる。子供じみた対応でしかなかったのだ。

今後の展望だが、レーダー照射のような危険行為が発生する可能性はけっして少なくない。いや、さらに行きすぎた暴挙に走る可能性すらある。日本人は平和幻想を抱きがちで、いくらなんでも韓国だって大学進学率の高い文明国だから、あえて冒険に趨《はし》ることはあるまいと、注意を払おうとしないかもしれない。だが、相手は幼体成熟《ネオテニー》の民族である。子供というものは、予想もつかないことをするものである。

日本企業の資産接収という国際常識を無視した判決を下した裁判官が、その手柄によって国会議員になれる国である。陸海空の韓国士官のうちには、日本の艦船や航空機を攻撃して手柄を立て、出世したいという誘惑に駆《か》られる人間が出てきてもいっこうにおかしくない。もし、そうなれば、文政権が続くかぎり、憎日で洗脳された民衆は拍手喝采するだろうし、政府は表だって顕彰しないまでも、裏では昇進させるくらいのことはやってのけるだろう。たぶんそうなれば、レイムダック化した政権の支持率も、一気に跳ね上がるにちがいない。

もしそうなったとき、日本政府はどう対応するだろうか？　日本の自衛隊はこれまで日米韓という枠組みの中で、共同行動を取るべく訓練を重ねてきたから、韓国軍に対して警戒をすることはない。しかし不意を突かれれば、護衛艦や航空機に、被害が出るにちがいない。艦船なら撃沈、航空機なら撃墜されるという事態も起こりうる。また損傷を受けながら生き残った場合、ただちに応戦できるだろうか。

かつてイギリスのサッチャー首相は、アルゼンチンに占領されていたフォークランド島を取り返すため、空母艦隊を派遣して戦闘に訴え、みごと目的を果たした。そこまで果断に決定を下せる政治家は、今の日本にはいない。憲法の制約が手枷足枷《てかせあしかせ》のように対応を狭めてしまう。自分の手を縛っておけば、世界が平和になると信じてきた日本は、おそらく泣き寝入りするしかないだろう。韓国が日本の護衛艦を攻撃するなど、憎日が討日《とうにち》に変わりかねないのだ。

日本にとって最悪のシナリオは、南と北が合体する高麗《コリヨ》連合

最近、韓国で日本の自衛隊が攻撃してきた場合、どう独島《トクト》（竹島）を守るかという作戦書が明るみに出た。もちろん自衛隊が武力で竹島を奪還するため、行動に出るなどということはありえない。

この作戦書の意味するところは、重大である。竹島の近海を航行する日本の護衛艦を、韓国海軍が攻撃したとする。日本の護衛艦が独島奪還のため行動を起こしたから、自衛のため攻撃したと言いつくろえば、国際的にはともかく、韓国国民は納得するどころか

快哉《かいさい》を叫ぶにちがいない。これまた、危険きわまりない事態を招く可能性がある。

また、韓国の北朝鮮寄りの姿勢を好機と見て、北が武力行使する場合もありうる。文政権は北朝鮮の言いなりで卑屈なくらい譲っているが、北朝鮮は従来通り韓国を敵としか見なしていない。通常兵器では北朝鮮は韓国の敵ではないが、北にもチャンスがないわけではない。

特殊部隊である。暗殺、破壊工作など、違法な侵攻作戦に携《たずさ》わる部隊は、各国とも秘密にしている。大っぴらにできる存在ではないから、旧ソ連でも特殊部隊《スペツナズ》は、海軍歩兵《モルスカペ》部隊《ホータ》に所属することになっていた。アメリカの海兵隊のようなものと、対外的には思わせておきたかったのだ。

ところが北朝鮮は、十万とも言われる特殊第八軍団《トゥクスチェパルクンダン》を、堂々と（？）公開している。彼らは四十キロの装備を背負って、冬の白頭山《ペクトゥサン》で三日三晩、呑まず食わずで行動できるように厳しく訓練されている。

いくつか発見されている南侵《なんしん》トンネルなるものがあり、そのうちの一本を私も見学したことがある。音の出る掘削機を使うと探知されてしまうから、北側から南に向けてトンネルを手掘りして、韓国軍の制服を着せた特殊部隊を送り込もうとしたのである。

手掘りの鏨目《たがねめ》は南向きに刻まれているから、私のような素人《しろうと》が見ても北側から掘ったものだと判る。このような未発見のトンネルが、他にも存在するらしい。いざ侵攻となったら、一万人もの特殊部隊が韓国軍に変装して数時間で韓国領へ侵入できるという。

さらに北には、他にも特殊部隊を送り込む方法がある。ソ連製のアントノフ-2という輸送機が、なんと三百機も装備されている。べつだん新兵器というわけではない。レシプロ（プロペラ）単発の複葉機で、外観は第一次大戦の飛行機のような旧式なものである。中国製のものもあり、ソウルの兵器展示館で見たことがあるが、思ったより大きい。ソ連や中国における陸路から行けない辺境で、十人乗りの輸送機として使われている。

このアントノフ-2輸送機に特殊部隊を乗せて、南へ送り込むという計画がある。老朽化して稼働率は良くないらしいが、二百機も集めれば二千人を乗せることが可能になる。旧式なことがかえってプラスになり、探知されにくいのである。

もともと辺境の不整地にも着陸できるように設計されている。二枚翼で揚力が大きいからスピードは出ないが、失速しにくい。最低時速70キロほどと、自動車並みの速度でも失速しないし、エンジンを止めてもグライダーのようにしばらくは滑空《かっくう》できるという。

しかも機体や翼の大部分はベニヤやカンバスシートで造られているから、金属と違ってレーダーに捕まらない。原始的なステルス機ということになる。夜間に侵入してソウル近郊の田んぼにでも着陸すれば、特殊部隊を送り込める。

この場合は、軍服ではなく、背広やジャンパーなど着てソウル市民に偽装する。北朝鮮には、チェコスロバキア（当時）製のVZ-61サブマシンガンが大量に保有してあるから、これで武装する。銃身長12センチという、拳銃に毛が生えたくらいの大きさだから、背広の内ポケットを改造すれば隠し持つことができる。私も小説のアクション場面を書く参考に、これのモデルガンを買ったことがあるが、手に持ってみるといかにも小さい。アントノフ-2と市民に偽装した特殊部隊で、ソウルを後方から攪乱《かくらん》できる。

一方では、特殊部隊を送り込んでソウルを押さえ、他方、正攻法でも攻撃する。韓国が軍事分界線《DMZ》付近の哨戒飛行を止めてしまったことは前述した通りだが、北の空軍にフリーハンドを与えたようなものだ。

北は旧式ながらミグ-21を二百機以上も保有している。いわば空の人海作戦のように、いっせいに襲いかかれば、どれほど新鋭機があっても離陸する前に地上で撃破されてしまう。旧式ながら、戦車も総動員する。油断していた韓国は、有効な手を打てなくなる。

その上で核兵器の使用などほのめかせば、韓国は屈服するしかなくなる。

いくらなんでも、そこまではするまいと思う人がいるかもしれない。しかし、それは、北朝鮮という国家の異常さを判っていない楽観論にすぎない。2010年、北朝鮮は、瀬戸際政策から韓国領の延坪《ヨンピョン》島《ト》に百発以上の砲撃を加え、四人の死者を出している。

また同じ年、韓国海軍の天安《チョナン》というコルベット艦を魚雷で撃沈している。当時は李《イ》明博《ミョンバク》大統領による保守政権だったが、沈没した天安を引き上げ、北朝鮮の仕業だという調査結果が判明してからも信じない人が少なくなかった。同じ民族という幻想に期待をかけ、北朝鮮の犯行だと認めない人が増えていたからだ。

当時、調査に協力したアメリカ海軍のパトリック・ウォルシュ司令官は、あきれはてたという。究極の独裁国家である北朝鮮なら、コロナ禍、国連制裁、飢餓などで追いつめられれば、どんな無法もやりかねない。それなのに解がつかない人間が、韓国でも異常に増殖し、今に至っているのだ。文在寅大統領は、その代表だろう。

日本にとって特に最悪のシナリオは、韓国の陸海空の通常戦力と北朝鮮の核、ミサイル、細菌兵器、特殊部隊などが連携した場合である。韓国も、そこまでは踏み切れまいと思うのは、希望的な憶測にすぎない。韓国には北の核兵器を同じ民族の核として、是認する人々が少なくない。一昔前からの現象である。大ヒットした潜水艦映画『幽霊《ユリョン》』は、南北共同で日本を核攻撃するストーリーである。

韓国・北朝鮮の連携によって、途方もない地獄絵図が描き出される蓋然《がいぜん》性も少なくない。特に危険性を孕《はら》んでいるのは、北朝鮮の動向である。

文大統領の異様なほどの北への傾斜ぶりから見れば、何が起こっても不思議ではない。かつて金日成は、高麗連邦《コリョヨンバン》なる構想を打ち出したことがある。一国二制度が中国と香港の間で結ばれるのより遥か昔である。当時は朴正熙時代だから、韓国が乗るわけがなかった。しかし文在寅政権は金日成の古びた証文を、さすがに同じ用語は避けたものの、高麗連合《コリョリョナプ》というかたちで引っ張り出した。つまり北の主張に乗ろうというわけだ。

もし北主導で南北統一が成ったとする。真っ先に粛清されるのは、他ならぬ文在寅自身だろう。独裁国家に二人の指導者は必要ないからだが、北にのめり込んでいる文には、その程度の分別もつかないらしい。

日本は、どうすべきか？　事を荒立てるのを恐れるべきではない。慰安婦、徴用工など、歴史の真実を突きつけて、韓国の心ある人々に訴え、目を覚ましてもらうしかない。一時的には韓国の反日デモなど、激化するだろうが、ためらうべきではない。

それと同時に防衛力の整備を急ぐべきだろう。今、日本では中国の脅威に目が集中している、だが、国力を付けてきた韓国が誤判して日本に牙を剝く可能性も無視できない。これまで日本は国防安保に関して、自分の手を縛るような方針しか行なってこなかった。また慎み深い国民性から、特段に国力を誇るようなことをしてこなかった。しかし、ある程度までは周辺諸国に一目置かせるような装備、戦力を誇示しないと抑止力が働かない。

物騒な話だと非難されることを覚悟で言えば、核開発をほのめかすだけでも、抑止力が高まる。また新型H3ロケットが、その気になれば、いつでもＩＣＢＭ（大陸間弾道ミサイル）に転用できる。また、はやぶさ2の打ち上げで有名になったイプシロンロケットは固体燃料だから、いつでも発射できるＩＲＢＭ（中距離弾道ミサイル）に改造できるなど、言ってみるだけでも、抑止力向上につながる。

韓国が最新型のF−15K戦闘機を配備したため、航空戦力が逆転しつつある。そこで日本も次世代ステルス戦闘機F−35Aの配備が始まり、ふたたびリードしかかっている。その韓国もF−35Aを発注しているから、軍拡競争は続く。

日本では、自前のステルス実験機X−2〈心神〉もすでに五年前に初飛行して、退役

F-35B戦闘機。護衛艦「いずも」が搭載する予定である（出典：ロッキード・マーチン社）。

が予想されるF－2支援戦闘機の後継モデルの参考にされるようだが、これなどPR不足だから、韓国をふくめた各国の駐在武官に大いに見てもらったほうがよい。

ステルス機を国産できる国は多くない。中国もステルス機を誇っているが、塗料に問題があり、性能的にはたいしたことはないらしい。電波吸収能力では日本製の塗料が優れていて、アメリカでも採用されているという。

F－35Bの採用も決まった。これは、二万トンクラスの護衛艦いずも級を空母に改装して搭載する予定である。同じF－35ながら、B型のほうは、垂直離着陸性能があるため、ヘリ空母として設計されたいずも級でも運用できる。着艦はともかく、離艦するときは、ある程度は滑走したほうが垂直に上昇するより燃費を節約し航続距離を延ばせるから、飛行甲板の改造が必要になる。先端をジャンプ台のように上向にして揚力を稼ぐ、スキージャンプという設計が必要になるが、現在、そこまでの改造は計画に入っていないらしい。いずもは、まもなく第一段階の改造に取り掛かるらしい。いずれスキージャンプとカタパルトを装備すれば、打撃力のある第一級の戦力になる。

日本も韓国に誤判させないためにも、ある程度は国防力を誇示してみせなければならない。韓国も潜水艦には力を入れているが、日本の、〈そうりゅう（蒼竜）〉型は、はるか上を行くから誇っていい。つい最近、浮上した際、貨物船と衝突してしまい、水平舵を損傷する事故を起こし、妙なことで有名になってしまったが、最先端テクノロジーを詰め込んだような艦種である。スターリング・エンジンという戦前ドイツで試みられた方式を現在のハイテクで蘇らせた技術で、非大気依存型推進《AIP》（Air Independent Propulsion）と呼ばれる。原潜を除けば、酸素補給なしに最長の潜航時間を有する潜水艦である。

その次の新鋭艦も登場している。〈たいげい（大鯨）〉型である。最近、自衛隊におけ

潜水艦「そうりゅう」型（全長84メートル、基準排水量2,950トン）、スターリング機関とX舵を搭載し潜航能力と水中運動性能が飛躍的に向上した。

る男の最後の聖域が崩れたと話題になった。これまで男性の乗組員しかいなかった潜水艦だが、〈たいげい〉には女性用の居住区が設けられたのである。

陸上自衛隊の装備も着々と進められている。10式《ひとまる》戦車も配備が進行している。この次世代の主力戦闘戦車《MBT》は、いったん主砲を目標にロックオンすれば、どれほど左右に曲がっても、砲身は目標を捕《とら》えたままで、いつでも攻撃できるという優れた性能を誇っている。また、すべての戦車がネットワークで結ばれているため、狙う目標を瞬時に分担できるから敵戦車を撃ち漏らす恐れがない。

また、新顔の兵器も登場した。16式機動戦闘車である。韓国・朝鮮のいかなる戦車も撃破できる105ミリ砲を備えているが、キャタピラーではなく、タイヤを装備している。いざ侵略というとき、高速道路を時速百キロで走って、戦場へ駆けつけられるのである。

ただ、日本の防衛力には大きな不安がつきまとっている。護衛艦、新鋭機、新戦車など、装備面が充実されても、人員が伴わないのである。自衛隊は、徴兵制の韓国と異なり志願制《ボランティア》だから、常に人員不足に陥っている。特に潜水艦のような艦種では、過酷な任務が嫌われることもあって、現有の乗組員は労働過剰に陥り、人員の確保にも苦労しているという。

国民の国防意識を涵養《かんよう》して、応募者を増やす努力が求められる。かつての軍国主義を反省している余裕などない。国民こぞって、国防を考えなければならない分岐点にさしかかっているのだ。

ともかく韓国に妙な気を起こさせないようにしないと大変なことになるから、日本の国力、武力を誇示するくらいでないと、今後の東アジアでは平和を保つことはできない。

第八章

韓国から逃げてはいけない

日本人と対極にある、韓国の国民性

最近、日本の対韓論調に、ある変化が訪れている。以前から、その傾向がなかったわけではないが、このところ目立つ論調は、「これ以上もはや韓国に関わるな」といった趣旨の主張である。日本人の多くが韓国に対して、うんざりしているからだろう。さる評論誌は、韓国にサヨナラという特集を臨時増刊の形で発行しているほどだ。しかしこの対応は、さらに事態を悪化させる恐れがある。

これまで詳述してきたように幼体成熟《ネオテニー》のような国民性だから、あの国家、民族は、想定外のトンデモ行動に打って出る可能性が否定できない。しかも、あの国家、民族は、異様な発信力を備えている。いわゆる慰安婦の問題にしても、おおよその日本人の反応は、最初はこんなものだったのだろう。

「また韓国人が、妙な言いがかりを付けてきた。放っておけば、そのうち収まるだろう」

しかし日本人が取り合わないと見ると、ますます悪さを繰り返すようになる。つまり悪さをエスカレートさせることによって、日本人に振り向いてもらいたいのである。北朝鮮がアメリカとの交渉に当たって、いったん核放棄、ミサイル発射中止を約束しながら、交渉が膠着状態になるとミサイルを発射したりする。つまりアメリカの気を引きたいから、悪さをするのである。

あの民族は、歴史上ずっと国内の権力闘争に明け暮れして、外交、国防などは事大主義の宗主国に任せ切っていた。繰り返しになるが、二千年の歴史のなかで960回も異民族の侵攻を受けている。文化も習慣も異なる民族に肚芸《はらげい》など通用しない。嘘をついてでも、生き延びなければならない歴史だった。

韓国人のもの言いは、恐ろしく直截的《ちょくせつ》である。婉曲な表現は存在しない。たとえば、電車の優先席、中国語でも优先坐位である。优は、優の簡体字であるから、日本語と同じような発想になる。ところが韓国語では、ズバリ老弱者席《ノヤクチャソク》という漢語をハングル表記して書いてある。日本語なら優先席とあれば、老人、障碍《しょうがい》者、妊婦などの優先席だと判るが、韓国語ではなんでもズバリと言わないと通じない。韓国語にも優先席《ウソンソク》という単語があるにはあるが、もしかしたらVIP優先席だと思うかもしれない。

日本語では、婉曲に言うのが礼儀である。さるアメリカ人の日本人論に出ていた話だが、日本語が相当に判るようになり、取引相手に提案したところ、相手の日本人が「考えさせていただきます」と答えた。アメリカ人は、自分の提案を考慮《コンシダー》してくれると解釈して大喜びで待ったが、なんの音沙汰もない。訳知りの人間に相談して、ようやく判った。日本語の「考えさせてもらう」とは、婉曲な拒絶《ラウンドアバウトリジェクション》だと知って絶句したという。

畏友星新一《ほしいんいち》氏は、「結構です」という日本語を廃止し、英語の「ノーサンキュー」を直訳して「いいえ、ありがとう」という言葉を普及させるべきだと主張していた。たしかに「結構です」ではイエスなのかノーなのか、さっぱり判らない。当の日本人ですら、曖昧すぎると感じることもある。

たとえば、仮想敵国と言うと角が立つから、防衛対象国と言い換えている。韓国語ではズバリ主敵《チュヂョク》という。自衛隊というのも日本的だろう。軍隊と言うと角が立つから、英語訳では、〈Self Defence Force〉となっている。いかにも直訳調である。それでは、どこかに自攻隊〈Self Offence Force〉というのでもあるかと言えば、そんなものはない。各国みな軍隊〈Army〉と普通に呼んでいる。日本語では、理外の理とか、言外の言といい、露骨に言わなくても相手が読みとってくれるのが理想だ。しかし韓国には、そもそも忖度するという習慣がないから、なんでもズバリと言わなければ通じないのだ。相手の立場を慮《おもんばか》って、事を荒立てまいとしたことが、韓国相手ではかえって逆効果だった。きつすぎるくらいに言っても、まだ足りないくらいなのだ。

韓国は、一見すると余所者《よそもの》に厳しい国のように見えるが、最初の警戒心のようなバリアーが消えると、べたべたしたような親密な人間関係に繋《つな》がるのである。日本人は、付き合いにも段階がある。仕事でしか付き合わない相手、家族ぐるみで付き合う相手、心から信頼する相手など、いろいろ種類がある。それなのに韓国人は最初のバリアーが消えると、十年の知己《ちき》のような付き合いをしないと承知してもらえない。

韓国について初心者の日本人は韓流《ハルリュ》ドラマなどではまり、韓国人は情に厚いなどと口走るようになる。また韓国人の日本人への不満に、日本人はいくら付き合っても、親しくならないという点がある。日本では多情というと、どちらかといえば悪口に近いが、韓国では多情《タジョン》は男女間に限らず、褒め言葉である。逆に冷情《ネンジョン》と言われるのは、相当なダメージになる。最初のうちは韓国人の情に厚い国民性に感心したりするのだが、べたべたした関係にならないと承知してもらえないのだから、だんだん負担になってくる。

日本人同士だと怒鳴《どな》りあいなどしようものなら、それで関係は終わりになるが、韓国ではそうではない。けろりとした顔で何事もなかったかのように、頼み事を持ち込んできたりする。お互い奥座敷に土足で踏み込みあうような関係が理想だから、言いたいことを言っても、したいことをしても、その場限りのことで終わってしまう。そのため、あとあとまでしこりは残らない。かえって、いったん角《かど》を立てたほうが問題点がはっきりして、雨降って地固まるを地で行ったような解決になる。

こうした日本人の対極にあるような韓国人の国民性を、大方の日本人は理解していない。日本人は相手の気持ちを忖度して、事を荒立てないように振る舞うのだが、ますます相手は増長して居丈高《いたけだか》になるだけだ。慰安婦の問題でも韓国人がそこまで言うのだから、ここはひとまず相手の顔を立てておこう、という日本式の対応が裏目に出た結果なのである。韓国人はいつも、そこまで言う民族なのである。ぴしゃっと拒絶しても、いっこうに角は立たない。

これまで何度説明してもこうした韓国人の国民性を判ってもらえなかったので、あちこちで書いたことを繰り返すようだが、映画「男はつらいよ」シリーズの渥美清扮《ふん》するフーテンの寅さんの決め台詞《ぜりふ》でいうと、どうやら判ってもらえる。「それを言っちゃ、おしめえだ」は、日本人の国民性をうがった台詞だろう。ところが、韓国人は、「それを言わなきゃ、おしめえだ」という世界を生きている。言わなければ通じないのだ。

むしろ相手の顔を立てたことで、相手は疚《やま》しいことがあるからそうまでするのだなと誤解したあげく、そこが日本人の泣き所と見て、ますますエスカレートするだけだ。いっこうに解決には向かわないどころか、かえって事態を悪化させてしまうのだ。

もともと朝日新聞がお膳立てしたことではあるが、例の慰安婦像が世界中に増殖して、日本の名誉を泥まみれにさせた原因は、あの民族の異様な発信力にある。生半可なことでは、万事に控えめで温厚な日本人には対抗できない。

ここは、韓国から逃げてはいけない。日本人の総力を挙げて、韓国の理不尽な行動と、戦っていかなければならない。世界には、黙っていれば承伏したと見なす文化のほうが圧倒的に多いのだ。男は黙ってナントカビールでは解決できない。以心伝心《いしんでんしん》などは、世界では通用しない。もっと力強く発信しなければ、負けてしまう。

かつてアメリカに対しても対応を誤った。ハースト系の新聞などアメリカのメディアが煽《あお》りたて、日本製の注射針にバイ菌が付いているなど捏造記事で対日ヘイト報道を繰り返したことがある。日本製品のボイコット、資源の禁輸措置、日系人差別など、アメリカで故《ゆえ》のない反日事案が発生した際も、いっこうに抗議も反論もしなかった。

日本はただひたすら首をすくめて、アメリカの誤解が解けるのを待った。しかしアメリカの反日は、いっこうに収まらない。とうとう思い余って、真珠湾攻撃という挙に出てしまう。あのとき、もっと強硬にアメリカを非難し、罵詈雑言《ばりぞうごん》を叩きつけるべきだった。一見、荒々しいようだが、戦争をやるよりましだったはずだ。温和な日本人は事を荒立てるのを嫌うが、いったん荒立てないと解決しないのが韓国流であり、グローバルスタンダードに近い。

日本人の美徳は、国際的には通用しない

日本人は、まず耐え忍ぶ。ひところプロレスの力道山は、度重なる外人レスラーの反則をじっと耐え忍ぶ演出で大いに人気を博した。やがて堪忍袋の緒が切れて、伝家の宝刀「空手チョップ」を振るって、外人レスラーを叩きのめす。力道山が在日朝鮮人だったから、日本人の美意識に訴える筋立てで運ぶことができたのだろう。

また、やくざ映画の高倉健は二度と長刀《どす》を握るまいと誓ったものの、相手のやくざの親分の悪辣《あくらつ》な振る舞いにさんざん耐え忍んだあげく、とうとう長刀を手にして相手の本拠に殴り込みを掛け、敵の親分をやっつけて斬り死にする。

このような日本人の美意識が真珠湾攻撃にも共通し、「堪《た》え難《がた》きを堪え、忍び難きを忍び」という終戦の詔勅にも表れている。たしかに、あの時代相では、「堪え難きを堪え、忍び難きを忍び」が戦後復興の精神的な支柱となったのだが、今後は通用しない。

日本人同士では、たしかに美徳なのだろうが、国際的には通用しないどころかマイナ

スにも作用する。今後は韓国人を見習えとは言わないまでも、日本の主張をできるかぎり発信するように努力しないと、悪辣《あくらつ》な国家群に伍《ご》していけない。

竹島領有の根拠、日本海という呼称の起源、慰安婦、徴用工の虚構など、韓国側の捏造を一つ一つ丹念に突き崩していく努力を惜しむべきでない。英語、フランス語、スペイン語、ドイツ語、イタリア語など、欧米主要国の言語だけではなく、ウルドゥー語、タミル語、ヒンディー語、スワヒリ語など、ネイティブ・スピーカーの多い言語でも、政府が日本の主張を発信していかなければならない。また元凶の朝日新聞にも、お願いしたい。日本国の名誉を泥まみれにしてしまった。もともと朝日が蒔《ま》いた種なのだから、認めたような認めないような態度はやめて、もし少しでも良心が残っているのなら、自ら刈り取る努力をしてもらいたい。

その上で、対韓強硬策も辞すべきではない。相手のトンデモ対応には、しかるべき代償（sanction）を支払わせ、場合によっては報復（retaliation）を試みる。暴論に聞こえるかもしれないが、日韓の対立を解消する方法は、これしかない。

手詰まりのように見えるが、日本には打つ手はたくさんのこっている。一見、何の弱点もないかのように映る韓国経済だが、脆弱性《ぜいじゃくせい》（Vulnerability）だらけである。いわば日本に首根っこを押さえられている状態である。たとえば、半導体である。韓国から技術が北朝鮮に流れる恐れがあるとして、弗化《ふっか》水素など三種の原料をこれまでの最恵国待遇から一般待遇に変えただけで先に述べたとおり韓国はパニックに陥り、過剰反応した。べつだん禁輸したわけではないにもかかわらず、だ。

ところが半導体に関しては、さらに日本の奥の手がある。かつて日本のお家芸だった半導体だが、今や韓国などにシェアを奪われている。そのことをもって日本の敗北と憂《うれ》える分析が多いが、実は世界の半導体市場は日本が握っている。問題になった三種の材料ばかりでなく、半導体の基盤ウエハーは世界一位、二位の日本企業がおよそ半数のシェアを占めている。また半導体製造の機械も、日本が大きなシェアを握っている。もし日本が供給を止めれば、韓国の半導体産業は成り立たないのである。

ここは韓国に対して日本のありがたみを、思い知らせなければならない場面だろう。それが韓国のためでもある。国際親善などと、きれいごとを口にする人が多いが、力に訴えるしか解決法がないケースも少なくない。日本人は苦手だが、こちらの要求を相手に呑《の》ませるには、相手がどう出るかを知った上で、ある程度は強硬な手段を行使しなければならない。

私は1967年、最初の長編SF小説『モンゴルの残光』（ハルキ文庫）を上梓した際、後書きで書いた。日本人の多くはパリのノートルダム寺院は知っていても、隣国の慶州の仏国寺《ぶつこくじ》は知らない。この持論は、半世紀以上も経た今も変わらない。もっと、韓国を知るべきだ。あの時代より、ましになったものの、多くの日本人は欧米偏重の教育でアジアに目を向けてこなかった。また戦後の贖罪《しょくざい》史観が、やがて自虐《じぎゃく》史観に転じてしまい、日本人のほとんどが、韓国、中国が仕掛ける歴史戦に巧く反論できるだけの知識がない。ただひたすら謝るだけでは、何も解決しない。

そもそも日本人の多くが、第二次大戦を理解していない。いまだに日本の軍国主義を非難する論調が、韓国ばかりでなく、日本でもまかり通っている。しかし、よく調べてみると真実が見えてくる。

戦争とは、軍事力のアンバランスによって起きると、前に書いた。太平洋戦争は、無謀な戦争であり、軍国主義日本の責任だというのが通説だろう。しかし当時、太平洋方面の軍事力は、空母、戦艦、戦闘機など、質量ともに日本が圧倒的に優位にあったのだ。アメリカの工業力を無視して無謀な戦争に走ったというのは、後智恵《あとぢえ》である。アメリカは、排日運動にうつつをぬかして日本の軍事力を過小評価していた。中国戦線において日本は、秘密兵器のはずのゼロ戦に関して、ほとんど機密保持に努めなかった。ところがアメリカの武官や記者などが本国にニュースを送っても、そんな夢のような戦闘機が日本にあるはずがないと、簡単に握りつぶされてしまった。さらにアメリカのマッカーサー元帥ですら認めているが、資源の対日禁輸措置など、宣戦布告に等しい。日本は、戦争に追い込まれたわけだが、まったく勝算がないわけではなかった。

ここで戦争の経緯を追うつもりもないが、アメリカの工業力と物量に圧倒されるのは、アメリカが本腰を入れて工場をフル稼働してからの話である。緒戦では、日本軍の優位が続いた。アメリカが配備したブリュースター・バッファロー戦闘機は、ゼロ戦の敵ではなく、ハエのように叩き落とされた。撃墜され、かろうじて一命を取りとめた米軍パイロットの証言が面白い。バッファロー戦闘機がアジアでは最強の戦闘機だと教えられていたが、強壮剤と偽《いつわ》ってジンを呑まされていたようなものだという。

それでは、なぜ負けたのか。答えは簡単である。日本が軍国主義でなかったため、戦争下手だったからだ。真珠湾では、港湾施設を破壊すると非戦闘員を殺すことになると、攻撃を手控えてしまった。そのためアメリカは、損傷した艦船をあっという間《ま》に修理できた。優れた兵器があっても、作戦がまずかった。ミッドウェー海戦など、小田原評定をして、ぐずぐず決断できず、命令が二転三転している間に負けてしまった。アメリカ側は、空母、戦闘機、雷撃機の数と性能など、ほとんどの点で著《いちじる》しく劣っていた。アメリカの第一波、第二波の攻撃では、バッファロー戦闘機は論外としてもF4Fワイルドキャット戦闘機もゼロ戦に歯が立たなかった。デバステーター雷撃機は、魚雷を発射する以前にほとんど叩き落とされてしまった。

たった一点だけアメリカが優っていたのが、急降下爆撃機の性能だった。日本の99艦爆は、軽量化のため強度が不足しているから、（地獄へ真っ逆さま）《ヘル・ダイビング》という飛行ができなかった。アメリカはSBDドーントレスという急降下爆撃機で、文字通り無鉄砲《ドーントレス》な攻撃をしかけ、日本空母三隻を撃沈してしまった。アメリカは急降下爆撃機という、たった一点しかない優位を最大限に生かして、負けるはずの戦いを逆転勝利に導いたのである。

また、ミッドウェー島か、アメリカ空母艦隊か、攻撃の優先順位も決まっていなかった。二正面作戦というのは成功する確率が低いことは、アメリカ軍事専門家も指摘している。勝てるはずの戦いに、みすみす負けてしまったのは、軍国主義でないために戦争が下手だったからに他ならない。

ガダルカナル島では二万人のアメリカ軍が待ち構えているところへ、千五百人程度の部隊を繰り返し送り込み、全滅させられてしまう。兵力の逐次投入《ちくじ》は、クラウゼヴィッツ『戦争論』、『孫子』など、古今東西の軍事書が戒めている愚策である。さらに悪いことに度重なる小規模の攻撃が失敗したため、アメリカ軍が充分に迎え撃つ準備を整えたあとに大軍を派遣して、こんどは補給ができなくなり、餓島《がとう》と言われる飢餓地獄を招いてしまう。初めから大軍を派遣していれば勝てたのだが、みすみす負ける采配しか振るえなかったのだ。

韓国では、今も日本が軍国主義だと信じられているが、ミッドウェー海戦の帰結だけを見ても、日本人は軍国主義とはほど遠い国民性だと判る。軍国主義アメリカに対抗するため、軍国主義的な国策を取らざるをえなくなったが、鵜《う》の真似をする烏《からす》で、軍国主義に徹《てっ》することができなかった。万事に温和で争いを好まない民族性のせいである。まず、当の日本人が得意の反省癖から、軍国主義だったなどとして、謝ったり反省したりするのを、ただちに止めるべきだろう。こうした日本人の反省癖は、マイナスにしか作用しない。韓国人は、靖国参拝、竹島領有など、日本人が何か気に入らない動きをすると、軍国主義の復活だと声高に叫び始める。

私は竹島の領有権に関して、何度も韓国人と議論を戦わしたことがある。しかし、議論にならない。江戸時代、竹島はアシカ漁の漁師たちの寄港する島だった。また1905年、国際法上の無守地《むしゅち》として、日本が領有を宣言して認められたもので、韓国の領土ではないと例証した。言い負かされると、韓国人は竹島領有を日本人が主張するのは、日本で軍国主義が復活した証拠だと言い出す。軍国主義の話をしているのではない。領有の根拠について話している。この理屈が通じないのだ。

自己主張の強さに辟易《へきえき》したせいだろう、私も、韓国人は議論好きだと誤解したことがある。しかし彼らは議論しない。自分と異なる意見や主張と遭ったときは、声を荒げて、相手を圧殺する。それが通じないと、周りの人に相手の非を訴える。それでも通じないと、話をすり替える。しかるべき根拠を挙げながら、議論するという習慣が欠如しているのである。ここらも、幼体成熟《ネオテニー》の特徴だろう。そんなことを口にすれば、自分が下がるだけだと思われるような屁理屈を平気で口ばしる。

日本人は、欧米人に比べて論理的でないなどと自ら謙遜したがるが、韓国人と較べれば、遥かに論理的である。日本人もディベート能力を高めないといけないとしばしば言われるのだが、日本人が議論をしないわけではない。欧米人のように景気良く相手を論破するわけではないにしても、恐る恐るながら相手を傷つけないように配慮しつつ、根拠を挙げて自分の意見を開陳できる。

しかし韓国人は、これができない。相手をやっつけることしか頭にないから、論理も考証も関係ない。罵詈雑言を駆使しても、相手を黙らせようとする。自分と異なる意見は、すべて妄言《マンウォン》と決め付ける。韓国語で悪口を辱説《ヨクソル》というが、日本語の何十倍もの語彙《ごい》がある。

私は、こうした韓国人と、ほぼ半世紀にわたって付き合ってきた。けっして韓国嫌いではない。親韓派と罵られたり、嫌韓派、反韓派と決め付けられたりしたが、個人的には多くの韓国人と知り合ううちに、かつて同胞だった人々に大いに興味をそそられるようになった。個々の韓国人は、なれなれしく、人懐こいし、魅力的な人々も少なくない。面白みがあり、可愛げのある人間に、なんども出会っている。これも歴史のしからしめるところで、個人の人間力を磨いて他人を虜《とりこ》にしないと、生き延びられない過酷な伝統から育《はぐく》まれた幼体成熟《ネオテニー》の能力なのだろう。

2000年からほぼ十年、島根県立大学に招かれて大学教授となり、人生で初めて月給というものを頂戴することになった。この間、多くの韓国人学生を教えたものである。特にゼミで知り合った学生とは単に教えるばかりでなく、もっと踏み込んだ付き合いになった。酒を飲んだり、旅行をしたり、自宅の教員宿舎で家内の手料理で飯を食わせてやったり、楽しい想い出ができた。

私事を続けるが、島根県大には、NEAR《ニーア》（North-East Asia Region = 北東アジア地域）センターという研究施設《インスティチュート》があり、そこで韓国関係の主任研究員を仰《おお》せつかった。受け持った授業は、本業の文章表現論のほか、日韓古代史、日韓比較文化論、日韓地域研究など、多岐にわたっていたが、このNEARセンターの仕事がかなりの比重を占めていた。なぜなら韓国担当の研究員は、開学当初は私だけだったからだ。

島根県立大は、もともとあった短大が昇格したかたちで発足した。その際の売りは、北東アジア研究である。環日本海を視野に入れて、ロシア、中国、韓国から、教授を招聘し、給費留学生を招き、一つの地域圏として扱おうという趣旨である。留学生の試験問題を作成したこともある。

こちらも古代史を扱った小説を書いているから、資料として記紀――『古事記』、『日本書紀』や、風土記、『万葉集』ばかりでなく、朝鮮の『三国史記《サムグクサギ》』『三国遺事《サムグンニュサ》』には、これまでも目を通している。主要な研究テーマは、日韓古代史。日本の『日本書紀』『古事記』と朝鮮の『三国史記』『三国遺事』を、隅から隅まで引き比べて読む時間ができた。小説家は、参考資料を読んで感心しているだけでは飯が食えないが、学者ならそれが許される。小説家は、そこから何らかの物語をひねり出さなければならないが、学者なら文献を読むだけでも研究の一助となるわけだ。

文献によれば、現在は裏日本という差別的な呼称で呼ばれる山陰地方だが、古代には「北《きた》つ海《うみ》（日本海）」に面した先進地域で、韓半島から漢字、仏教などの文化が流れ込む窓口だったのである。島根県は、韓国の慶尚北道《キョンサンプクト》と姉妹提携していた。

その縁で県立大学は、大邱《テーグ》にある国立慶北《キョンプク》大学校や、大邱の北80キロほどの地方都市禮泉《イエチョン》の慶道《キョンド》大學（道立）と提携していた。特に禮泉《イエチョン》市は人口六万ほど、つまり県立大学のある島根県浜田《はまだ》市と同じ規模のせいもあって、小ぢんまりとした慶道大學とは、きわめて友好的に頻繁な交流を続け、教員同志すっかり仲良くなった。これら大学との交流は私の担当で、夏休みには、ゼミの学生を引率して、語学研修のため、何度も訪れたりした。大邱に近い安東《アンドン》は両班《ヤンバン》の故郷《ふるさと》と呼ばれ、多くの大儒を輩出している。ここには国学研究院《ククハクヨングウォン》という儒学の殿堂があり、学生たちを連れて行くため、こちらも専門の古代史ではないが、朱子学など勉強することになった。安東は、最近は日本でも食べられるようになった安東煮鶏《アンドンチムタク》の本場だから、辛さに音《ね》を上げる学生たちを尻目に悠々と喰《く》らって見せて尊敬されるというおまけまでついた。

またエリザベス女王が訪問したことで有名になった河回民俗村《ハフェミンソクチョン》では、秀吉の役の時代、宰相柳成龍《ユソンニョン》を出した名家柳《ユ》家の見学を申し込んでおいたところ、たまたま柳家の祭祀《チェサ》(先祖の法事）の日に当たり、李朝時代さながらに柳一族が衣冠を整えて拝礼する様を見学でき、学生たちも大いに勉強になった。

その逆に先方から教授や学生が来る際は、私の宿舎へ泊めることもあった。大学から、百平方メートル以上もある教員宿舎を当てがわれていたから、部屋は充分にあった。浜田市の名所、畳ケ浦《たたみがうら》や、近くの温泉ばかりでなく、車で二時間もかかる石見《いわみ》銀山など、韓国からの客や学生を案内したのは数えきれないほどである。

こうして、私は、日韓問題に大いに関わってきた。日本人の学生には、韓国について教え、韓国人の教員、学生には、竹島、慰安婦など、日本の立場を伝えたつもりである。なかには激昂《げっこう》する相手もいたものの、賛成しないまでも日本の主張は伝わったはずである。日本では、竹島は島根県に属する。韓国では独島《トクト》と呼ばれ、島根県と姉妹提携している慶尚北道に属するとされる。しかし私のささやかな民間外交、国際親善の努力など、韓国の反日が憎日に変化するにつれて、踏みつぶされてしまう。慶北大学校、慶道大學には親しい教員もたくさんいたのだが、対日憎悪に燃えた国家権力の前には無力だったようだ。やがて政府の圧力がかかったせいだろう、先方から姉妹提携を断ってきた。私の退職後だが、先方もすまなそうだったという。

今後、どうすべきか？　繰り返し述べたように日本人も得意の反省癖を止め、贖罪史観を捨て去り、言いたいこと、したいことを、遠慮なく韓国にぶつけるべきである。韓国相手では、忖度、遠慮、斟酌《しんしゃく》、反省、配慮など、いっさい無用どころか、かえってマイナスにしかならない。

日本の国益だけを考えて、ずばりと事実を突きつけるしか解決法は存在しない。荒事《あらごと》を嫌う日本人には苦手な仕事になるが、そうすることが日韓両国のためになるのである。

文在寅の大統領任期は、後一年ばかりである。韓国の大統領の任期は五年で、再選はない。これまでにも述べたように、文は退任後、訴追されることを免れるため、あらゆる手を打っている。左翼政権を続けさせて、自分が院政を敷く心づもりのようである。

しかし、盤石とも見えた後継体制が最近になって危うくなってきた。天敵ともいうべき尹錫悦《ユンソギョル》元検事総長が、世論の支持を集めはじめたからである。尹本人は、まだ出馬を宣言していないが、保守系の野党から要望が出されている。

ただ一つ、障害がある。尹は、保守系の朴槿恵《パククネ》元大統領に、判決を下した裁判長としての経歴を持っている。父親の偉業を覚えている朴槿恵《びいき》の年配者など、保守系の幹部は、このことを快く思っていない。尹に対して拒否反応が起これば、保守系の候補が分裂する可能性は少なくない。そうなれば、文を利するだけである。

文の支持率は、低下したとは言え、30パーセント後半を保っている。最近、あらためて話題を呼んだ我が国の森喜朗元総理の退任時の支持率が7パーセントだったのと比べれば、いまだにそれなりの支持を保っていることが判る。

しかし、この支持率が向上する見込みはない。不動産汚職など、長期政権の歪《ひず》みともいうべき事案が次々に発覚している。いよいよ、さらに支持率の低下が進んだとき、退任を前にした文が強硬策に打って出る可能性が少なくない。それが歴代政権が奥の手としてきた反日であるが、これまで述べてきたように文のそれは、反日どころではなく、憎日、討日の段階に入っている。

何か予想はつかないものの、日本に対して敵対的な手段に訴えるにちがいない。場合によっては、日本に対して軍事力を行使することも、考えられないことではない。日本としても、韓国人が目を覚ましてくれるよう工作するとともに、用心を怠ることなく、韓国に備えるべきである。

[略歴]

豊田有恒（とよた・ありつね）

1938年、群馬県生まれ。島根県立大学名誉教授。
若くしてアニメ脚本家として「エイトマン」「鉄腕アトム」「ジャングル大帝」などで活躍。ＳＦ小説群の他、歴史小説や社会評論などでも多くの作品を書き上げ、特に古代日本を東アジアの動静から解明する手法は、多大な読者の共感を呼んだ。ノンフィクション作品に『歴史から消された邪馬台国の謎』（青春出版社）、『統一朝鮮が日本に襲いかかる』『韓国が漢字を復活できない理由』（以上、祥伝社）、『日本アニメ誕生』（勉誠出版）などがある。

一線を越えた韓国の「反日」

2021年5月8日　　　第1刷発行

著　者　豊田 有恒

発行者　唐津 隆

発行所　株式会社ビジネス社

〒162-0805　東京都新宿区矢来町114番地 神楽坂高橋ビル5F
電話　03(5227)1602　FAX　03(5227)1603
http://www.business-sha.co.jp

〈装幀〉常松靖史（チューン）
〈本文組版〉茂呂田剛（エムアンドケイ）
〈印刷・製本〉中央精版印刷株式会社
〈営業担当〉山口健志
〈編集担当〉水無瀬尚

ISBN978-4-8284-2281-7